Roland Spinola · Frank D. Peschanel

Das Hirn-Dominanz-Instrument
(H.D.I.)

Gelbe Reihe

Gehirn und Lernen   GABAL BAND 26

Herausgeber: Prof. Dr. Hardy Wagner

ROLAND SPINOLA · FRANK D. PESCHANEL

Das Hirn-Dominanz-Instrument (H.D.I.)

Grundlagen und
Anwendungen des Ned-Herrmann-Modells
für die Personalentwicklung

Die Reihe für Ihre erfolgreiche Zukunft

Die Deutsche Bibliothek — CIP-Einheitsaufnahme

Spinola, Roland:
Das Hirn-Dominanz-Instrument: HDI: Grundlagen und
Anwendungen des Ned-Herrmann-Modells für die
Personalentwicklung / Roland Spinola; Frank D. Peschanel.
— 3. Aufl. — Speyer: GABAL, 1992
   (GABAL; Bd. 26: Gelbe Reihe Gehirn und Lernen)
   ISBN 3-923984-26-X

NE: Peschanel, Frank:; Gesellschaft zur Förderung
Anwendungsorientierter Betriebswirtschaft und Aktiver Lehrmethoden
in Fachhochschule und Praxis: GABAL.

3. Auflage, 5. - 6. Tausend   September 1992

Druck: Druckerei Fortmann, 6720 Speyer

Herausgeber: Prof. Dr. Hardy Wagner im Auftrag der

Gesellschaft zur Förderung
Anwendungsorientierter
Betriebswirtschaft und
Aktiver
Lehrmethoden in Fachhochschule und Praxis e. V., Speyer

Dudenhofer Straße 46, 6720 Speyer
Tel. (06232) 9666, Fax (06232) 98609

Neue Methoden der Kreativität, des Selbst-Managements und der Persönlichkeits-Entwicklung erfahren im heutigen Zeitalter der "Informationsgesellschaft" eine zunehmende Bedeutung. Ein wichtiger Schlüssel zum Erfolg liegt in der ganzheitlichen Nutzung der Potentiale unseres Gehirns, d. h. beider Hirn-Hemisphären. Über eine so verstandene *Bewußt-Seinserweiterung* lassen sich die Potentiale unseres "Bio-Computers" Gehirn besser nutzen, um damit auch den Herausforderungen einer immer komplexer werdenden Zukunft entsprechen zu können. Fanden Ergebnisse der Hirnforschung und der Neurobiologie vor einem Jahrzehnt nur die Aufmerksamkeit interessierter Fachleute, so ist die Anwendung dieser Wissensgebiete inzwischen in viele Management-Etagen, Personalentwicklungs-Abteilungen und Führungs-Seminare vorgedrungen.

GABAL e. V. und GABAL-Verlag haben mit ihren Symposien und Schriften bereits frühzeitig dazu beigetragen, die faszinierenden Gedanken und Möglichkeiten eines "Gehirn-Managements" einer breiteren Öffentlichkeit zugänglich zu machen. Zu erwähnen sind in diesem Zusammenhang die GABAL-Bände "Führungserfolg durch Selbsterkenntnis - Das STRUKTOGRAMM als Instrument der Persönlichkeits-Analyse" (1981, 5. Aufl. 1989), "Stroh im Kopf?" (1983, 8. Aufl. 1992), "STRUKTOGRAMM-Analyse" (1984, 5. Aufl. 1991), "Suggestopädie / Superlearning" (1987, 2. Aufl. 1988) sowie die weiteren Bände von Vera F. Birkenbihl (21, 23 und 24) und der im Sommer 1992 erschienene neue Birkenbihl-Reader. Alle diese Schriften sind in unserer "Gelben Reihe" unter dem Schwerpunkt *Gehirn und Lernen* zusammengefaßt. Die Bände zum Thema STRUKTOGRAMM werden nicht mehr aufgelegt.

In dieses Umfeld reiht sich der Band 26, "Das Hirn-Dominanz-Instrument (H.D.I.)" von Roland Spinola und Frank D. Peschanel, sehr gut ein. Verlag und Herausgeber war es eine besondere Freude, die erste deutschsprachige Darstellung über das "*Hirn-Dominanz-Instrument*" von Ned Herrmann in der GABAL-Schriftenreihe zu veröffentlichen.

Der vorliegende Band berichtet über die Grundlagen und Hintergründe des Hirn-Dominanz-Instruments (H.D.I.), über die im deutschen und internationalen Bereich bisher gemachten Erfahrungen sowie über verschiedene Anwendungsmöglichkeiten in betrieblicher Praxis und persönlichem Bereich. Der Band erscheint wegen der akuten Nachfrage als Nachdruck der 2., verbesserten Auflage. Inhaltlich wurden praktisch keine Veränderungen vorgenommen, von Formalien abgesehen: Beispielsweise wurde in den Abbildungen der H.D.I.-Profile (S. 54 ff.) im Quadranten I (links oben) der Begriff "sequentiell" entfernt, der zu den Aussagen des 2. Quadranten (links unten) gehört (vgl. S. 49), wo er satztechnisch allerdings noch nicht eingefügt werden konnte. Das Kapitel über das dreigeteilte Gehirn blieb unverändert, wenngleich künftig der Bezug auf das angeblich darauf aufbauende Struktogramm entfallen wird.

In Kürze werden zum "Persönlichkeits-Profil DISG" und zur "Persönlichkeits-Struktur-Analyse (PSA)" je ein eigener GABAL-Band erscheinen. Die PSA wird an die Stelle des wissenschaftlich nach wie vor nicht abgesicherten und von GABAL-Verlag und GABAL e. V. u. a. auch deshalb nicht mehr empfohlenen Struktogramms treten.

Ergänzend zu diesen - inzwischen deutlich verbesserten - Selbstanalyse-Instrumenten, ist das H.D.I.-Konzept ein weiteres interessantes und wertvolles Instrument, mit dem wir unser Denken und Handeln, und damit unsere Persönlichkeit, besser verstehen können. Das H.D.I. wurde seit 1988 - etwas seit der ersten Auflage dieses Buches - auf breiter Front auf dem deutschen Trainings-Markt eingeführt und hat sich inzwischen bereits durchgesetzt.

Gerade in der Vielfalt verschiedener Analyse-Instrumente und Persönlichkeits-Modelle liegt - nicht nur wissenschaftlich - der echte Erkenntnisgewinn. Vor allem das Offensein gegenüber neuen Ansätzen, die Diskussion über diese Ideen und das Lernen durch Erfahrungen anderer bringt uns weiter. In diesem Sinne wünschen wir dem Buch von Roland Spinola und Frank D. Peschanel eine weiterhin so positive Aufnahme. Unseren Leserinnen und Lesern wünschen wir neue Denkanstöße, Autor und Verlag wünschen wir positive Rückmeldungen, ggf. aber auch unbequeme Re-Aktionen.

Speyer, im September 1992

Der Herausgeber

KAPITEL I:
Grundlagen der Hirnforschung

1.1 Hirndominanzen als Ausgangspunkt

Ned Herrmann, der das »Hirn-Dominanz-Instrument«, im folgenden kurz HDI genannt, entwickelt hat, beschreibt eine Übung, die er in seinen Seminaren oft durchführte. Er wählte zwei Gruppen von je fünf Personen (aus einer Zuhörerschaft von 150 Teilnehmern) und gab ihnen folgende Aufgabe: »Welche Arbeit motiviert Sie? Welche gemeinsamen Merkmale einer solchen Arbeit können Sie in der Gruppe finden? Diskutieren Sie das in Ihrer Gruppe, erstellen einen kurzen Bericht und kommen nach 15 Minuten ins Plenum zurück.« Beide Gruppen wurden in Arbeitsräume geschickt, in denen ein Flipchart-Ständer und Filzschreiber zur Verfügung standen.

Nach genau 15 Minuten kam die erste Gruppe zurück, mit einem Blatt, auf dem das Ergebnis ihrer Diskussion festgehalten war. Sie hatten einen Sprecher gewählt, der das gemeinsam Erarbeitete vortrug und dabei folgende Punkte heraushob:

Wir brauchen Struktur und Ordnung
Wir sind aufgabenorientiert
Wir sind ergebnisorientiert
Wir arbeiten gerne mit Listen von Dingen, die zu erledigen sind
Wir sind meistens mit etwas Konstruktivem beschäftigt
Wir brauchen Erfolg und Anerkennung
Wir übernehmen gerne die Leitung und Steuerung

Die Gruppe hatte zunächst eine Liste aller Merkmale aufgestellt, die für die einzelnen Mitglieder in Frage kamen, und dann darüber abgestimmt. Schließlich war die Liste in eine Prioritätenreihenfolge gebracht worden. Diskutiert wurde in der Gruppe kaum.

Zu diesem Zeitpunkt war die zweite Gruppe noch nicht zurückgekommen; man mußte sie holen. Einer nach dem anderen kam herein und verzog sich auf seinen Platz; einen Sprecher oder ein auf einem Blatt festgehaltenes Ergebnis gab es nicht. Auf Drängen fand sich schließlich einer bereit, zu berichten, was in der Gruppe passiert war: Die Mitglieder hatten eine sehr interessante Diskussion, konnten (und wollten) sich aber nicht auf ein gemeinsames Ergebnis einigen. Das Wort »Arbeit« hatte sie etwas gestört; sie sprachen lieber von »Tätigkeiten«, die Spaß machen. Genannt wurde folgendes:

Tätigkeiten wie Malen, Zeichnen, Gartenarbeit, Sport
Wir brauchen eine Menge Platz
Wir behalten gerne die Übersicht
Wir arbeiten gerne mit Konzepten

Die erste Gruppe war etwas verwirrt über diesen Bericht und sagte, sie sei froh, so zu sein, wie sie sich dargestellt hatte. Diese Darstellung wurde für die zweite Gruppe nochmal wiederholt, nachdem sie sie ja nicht mitbekommen hatte. Der Kommentar der zweiten Gruppe: »Wie langweilig!« Herrmann hatte beide Gruppen sorgfältig ausgesucht. Jeder Seminarteilnehmer hatte vorher den Fragebogen zum Hirn-Dominanz-Instrument ausgefüllt. Aus den Resultaten der Auswertung waren dann die zwei Gruppen mit den extremen Positionen ausgesucht worden. Die erste Gruppe bestand aus Leuten, die logisches, analytisches und rationales Denken bevorzugen, die strukturiertes Vorgehen lieben, sich um Details kümmern und für die Ordnung wichtig ist. Die Personen der zweiten Gruppe vertrauen und folgen eher ihrer Intuition, denken konzeptionell, sind sprunghaft, und die Beziehungen zwischen Dingen sind ihnen wichtiger als die Dinge selbst.

Mit dieser Übung konnte Ned Herrmann zeigen, wie sich die extremen Profile der beiden Gruppen in der Praxis darstellen. Herrmann, der Physiker ist, als Bildhauer, Schauspieler, Sänger und Musiker gearbeitet hat und lange Jahre die Führungskräfteschulung der Firma General Electric in USA leitete, hat das HDI Ende der siebziger Jahre entwickelt.

Das HDI stellt als Ergebnis der Auswertung des Fragebogens ein Profil zur Verfügung.

Das Hirn-Dominanz-Profil zeigt, welche Denk- und Verhaltensweisen der einzelne bevorzugt und welche weniger dominant ausgeprägt sind oder gar vermieden werden.

Die Angaben im Fragebogen beruhen auf einer Selbsteinschätzung des Teilnehmers. Es ist kein Test, sondern ein Analyse-»Instrument«. In diesem Buch werden die Grundlagen erläutert, einige typische Profile gezeigt und die Anwendungen dieses neuen Instruments in verschiedenen Arbeitsgebieten aufgezeigt.

1.2 Bedeutung der Hirnfunktions-Modelle

Die unterschiedlichen Denk- und Verhaltensweisen haben in unterschiedlichen Teilen unseres Gehirns ihren Ursprung. In den letzten Jahren wurde sehr viel über die Wirkungsweise unseres Gehirns publiziert. Wir können diese Erkenntnisse nutzen, um noch besser über unsere Möglichkeiten und Begrenzungen Bescheid zu wissen. Diese Selbsterkenntnis erlaubt uns, Stärken besser einzusetzen und Situationen zu vermeiden, in denen eigene Schwächen hinderlich sind.

Schauen wir uns zunächst an, was die *Hirnforschung* in den letzten Jahrzehnten entdeckt hat und welche Konsequenzen diese Erkenntnisse für unser tägliches Leben haben. Wir werden uns mit dem »dreieinigen« Gehirn beschäftigen und mit der linken und der rechten Hemisphäre. In diesem Zusammenhang wird oft eingewendet, unser Gehirn sei ein so kompliziertes Organ, daß jede Einteilung in überschaubare Teile als grobe Vereinfachung abgelehnt werden könnte. Und tatsächlich beruhen die meisten Vorbehalte gegenüber Gebrauchsanweisungen aus der Hirnforschung genau auf diesem Argument: Die Schlußfolgerungen aus der Einteilung in linke und rechte Hemisphäre, in Großhirn, Zwischenhirn und Reptilienhirn seien falsch, weil sie die unendliche Komplexität, die vielfältigen Wechselwirkungen nicht berücksichtigen. Bei allem Respekt vor dieser Kritik: Der Laie, der an praktischen Empfehlungen für sein tägliches Verhalten interessiert ist, braucht dafür überschaubare Modelle, die leicht anwendbar sind. Sie dürfen daher nicht mit Details überladen sein. Eine Analogie soll dies verdeutlichen:

Eine Landkarte, und sei sie noch so detailliert und bunt, kann niemals die Vielfalt einer Landschaft wiedergeben, mit ihren Höhen und Tälern, ihrer Vielfalt an Formen, Farben, Gerüchen und Geräuschen. Und doch benutzen wir Karten unterschiedlichster Art mit großem Erfolg. Eine Wanderkarte, eine Seekarte und eine Autokarte stellen eine Küstenlandschaft jeweils unterschiedlich dar, je nach Zweck wird das eine oder andere Detail stärker berücksichtigt. Alle stellen ein wahres, aber nicht vollständiges Modell der Landschaft dar, und je mehr Modelle wir zur Beurteilung heranziehen, umso mehr erfahren wir über die Landschaft.

In ähnlicher Weise sollten die Modelle gesehen werden, die aus den Erkenntnissen der Hirnforschung über unser Denken und Verhalten entstanden sind. Diese Modelle können, um verständlich und anwendbar zu sein, niemals die ganze komplexe Natur des menschlichen Gehirns erfassen. Aber sie helfen uns, unser Denken und Verhalten zu beschreiben und zu begreifen, so daß wir uns mit anderen darüber verständigen können. Unterschiedliche Modelle liefern uns unterschiedliche Details. Widerspruchsfreiheit ist dabei wichtiger als Vollständigkeit.

1.3 Dreigeteiltes Gehirn und Struktogramm

Paul D. MacLean hat den Begriff vom dreieinigen Gehirn (»triune brain«) geprägt. Die Entwicklungsgeschichte des Gehirns legt eine Einteilung in Stammhirn, Zwischenhirn und Großhirn nahe.

Das *Stammhirn,* auch Reptilienhirn genannt, ist der älteste Teil. Es dient der Selbst- und Arterhaltung und ist das Zentrum angeborener Steuerungen und Instinkte. Seine Programme scheinen festverdrahtet zu sein; wir können sie nicht ändern, sondern nur hoffen, sie mit Programmen der höheren Schichten unseres Gehirns zur Vernunft zu bringen, wenn das notwendig werden sollte. Das Stammhirn kann nicht lernen, es benutzt Präzedenzfälle. Es ist vergangenheitsbezogen und in der Auswirkung konservativ.

Folgende Funktionen werden dem Stammhirn zugeschrieben:

Biologische Vorgänge, z. B. Stoffwechsel, Blutkreislauf, Herzschlag, Atmung, Schlaf.

Verhaltensprogramme zum Überleben des einzelnen und der Art: Nahrungssuche, Fortpflanzung, Brutpflege, territoriale Ansprüche.

Über das Stammhirn wölbt sich kappenartig das *Zwischenhirn* (Limbisches System). Dieser Teil ist gegenwartsbezogen. Emotionen und Verhalten haben hier ihren Sitz. Wir können aus Erfahrungen lernen und uns entscheiden. Versuch und Irrtum sind eine Grundlage unseres späteren Verhaltens.

Der entwicklungsgeschichtlich jüngste Teil ist das *Großhirn* (Neocortex), der Sitz der höheren geistigen Funktionen. Hier läuft geplantes, vorausschauendes Denken ab. Es ist also zukunftsbezogen. Sprache, Logik, Vorstellungsvermögen, das Erkennen von Form und Gestalt gehören ins Großhirn ebenso wie die Fähigkeit zur Abstraktion, zum Arbeiten mit Modellen, Analogien und Mustern. Im Großhirn sitzt wohl auch das Selbstbewußtsein des Menschen, die Fähigkeit, sich zu erkennen und sich zu seiner Umwelt in Beziehung zu setzen.

Nach MacLean sind die drei Bereiche des Gehirns zwar miteinander verbunden, aber diese Verbindungen sind nicht sehr zahlreich und nicht sehr schnell in der Übcrtragung. Das bedeutet, daß alle drei relativ getrennt auf das Verhalten des Menschen wirken. Rolf W. Schirm hat auf dieser Grundlage das *»Struktogramm«* entwickelt. Dieses Selbst-Analysesystem erlaubt es, den Einfluß jedes Hirnbereichs auf das Verhalten einzelner Menschen zu bestimmen. Mit Hilfe von nur 24 Fragen werden die relativen Anteile von Stammhirn (Grün), Zwischenhirn (Rot) und Großhirn (Blau) auf einer farbigen Scheibe dargestellt. Mit einem Blick erkennt man damit die Individualität eines Menschen, so wie sie sich aus den spezifischen Einflüssen der drei

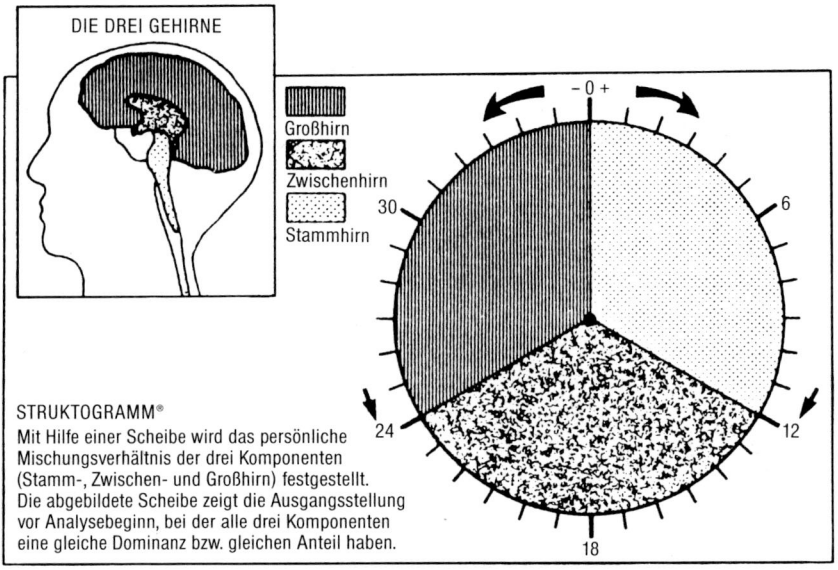

Abbildung 1: Das Struktogramm (LV Wagner, GABAL II)

Gehirnbereiche ergibt. Das Struktogramm ist inzwischen nach Angaben der Deutschen Struktogrammzentrale über 120 000 mal allein im deutschsprachigen Raum eingesetzt worden und hat sich als hilfreich vor allem im Bereich des Führungskräfte- und Verkaufstrainings erwiesen. Seine einfache Auswertungsmöglichkeit ist ein Vorteil in der Trainingsarbeit; die Erkenntnisse über die Funktionsweisen der beiden *Hemisphären* werden allerdings nicht berücksichtigt.

1.4 Rechte und linke Hirnhälfte

Es wurde bereits deutlich ,daß nur der limbische Teil unseres Gehirns und das Großhirn lernfähig sind. Auf diese beiden Teile konzentriert sich das »Hirn-Dominanz-Instrument«. Es macht sich die neuesten Ergebnisse der Hirnforschung zunutze, insbesondere die Erkenntnisse über die Zweiteilung unseres Gehirns in eine linke und eine rechte Hemisphäre. Diese Lateralisierung, wie sie oft bezeichnet wird, ist besonders ausgeprägt beim Großhirn und weniger stark im limbischen Teil anzutreffen.

Viele Organe des Menschen sind zweifach angelegt: Wir haben zwei Beine, Arme, Ohren, Augen, Nieren, Lungen; beide Teile erfüllen im wesentlichen die gleichen Funktionen. Anders die linke und rechte Hemisphäre unseres Großhirns: Sie haben unterschiedliche Aufgaben und verarbeiten Informationen deutlich auf andere Art und Weise.

Die *linke Hemisphäre* ist bei den meisten Menschen der Sitz der Sprachzentren; sie denkt logisch, rational und folgerichtig, verarbeitet Details, analysiert und kann mit Zahlen und Symbolen umgehen. Die linke Seite des Gehirn steuert die rechte Seite unseres Körpers und verarbeitet die Informationen, die ihr aus dem rechten Sehfeld unserer beiden Augen zufließt. Im eher verhaltensorientierten limbischen Teil handeln wir mehr kontrolliert, geplant und sequentiell.

Die *rechte Hemisphäre* des Gehirns ist im wahrsten Sinne des Wortes sprachlos; sie denkt in Bildern, Formen, Mustern und Konzepten, ist sprunghaft und intuitiv. Sie kann den Wald vor lauter Bäumen sehen und kann mit ihrer ganzheitlichen Betrachtungsweise eher mit Komplexität und Unsicherheit umgehen, ohne sich im Detail zu verlieren. Auf der rechten Seite erinnern wir uns an Gesichter, auf der linken Seite an Namen. Im mehr verhaltensorientierten Teil empfinden wir Musik und können uns auf andere Menschen einstellen (Empathie). Hier gehen wir auch mit unseren Gefühlen um.

Woher kommen diese Erkenntnisse? Spekulationen und Untersuchungen über Aufbau und Natur des Gehirns sind so alt wie die Menschheit. *Hippokrates* beobachtete zum Beispiel, daß Verletzungen

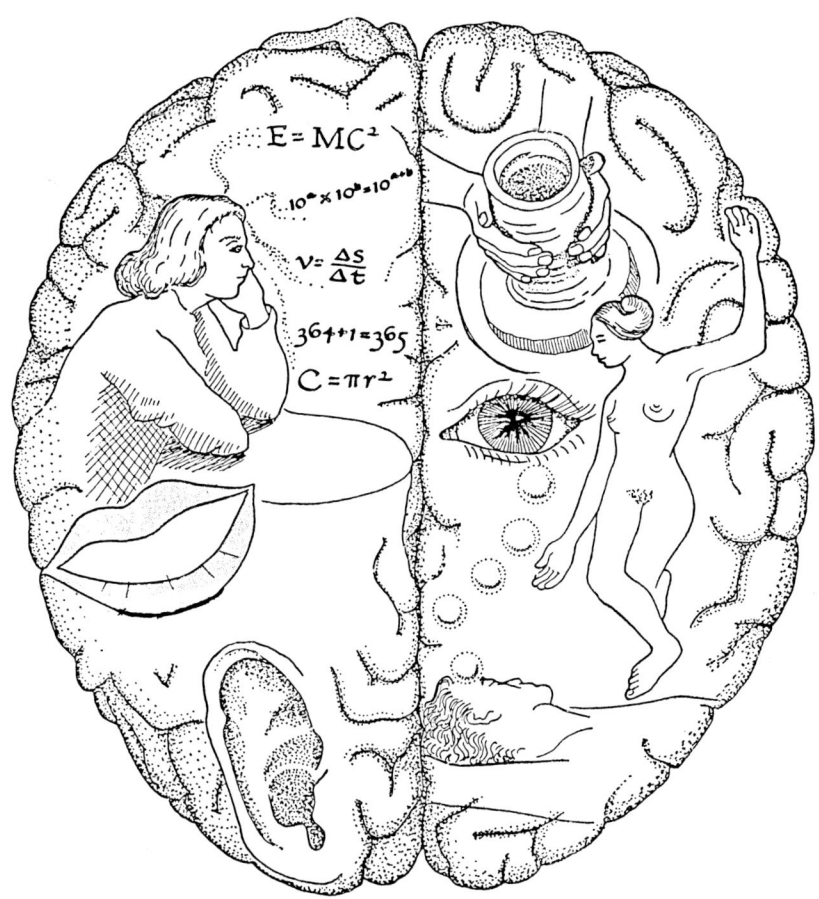

Abbildung 2: Die beiden Hemisphären

des rechten Teils des Kopfes oft zu eingeschränktem Funktionieren der linken Körperseite führten und umgekehrt. Er schloß daraus, daß »das Gehirn des Menschen doppelt« angelegt ist. Im 19. Jahrhundert erkannten Forscher, daß die linke Hemisphäre offensichtlich der Sitz der Sprache ist. Zwei Namen sind in diesem Zusammenhang besonders zu erwähnen: Paul Broca, ein Franzose, und Carl Wernicke, ein Deutscher. Nach ihnen sind die beiden wichtigsten Sprachzentren der linken Hemisphäre benannt.

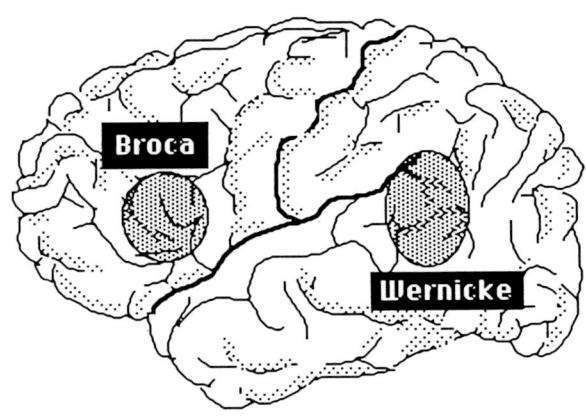

Abbildung 3: Sprachzentren im Gehirn (LV Birkenbihl, GABAL 21)

Broca untersuchte in den 50er Jahren des letzten Jahrhunderts das Gehirn eines Patienten, der unter schweren Sprachstörungen litt. Das nach dem Tod von »Tan« (so hieß der Patient, weil es das einzige Wort war, das er sagen konnte) von Broca präparierte Gehirn wurde vor wenigen Jahren im Keller eines Museums wiederentdeckt und erneut untersucht. Broca beschrieb nach seinen Untersuchungen das Sprachzentrum, das heute seinen Namen trägt. Schädigungen am Broca-Zentrum führen zu schweren Störungen, die sich in einem telegrammartigen, mühsamen Sprechen äußern. Der Patient läßt viele Worte aus, die durch die Grammatik einem Satz erst einen Sinn geben. Sagt man zu einem solchen Patienten etwa den Satz »Der Löwe tötete den Tiger« und fragt ihn dann: »Welches Tier ist nun tot?«, so weiß er keine Antwort. Es handelt sich also nicht nur um ein reines Sprechzentrum; auch das Verständnis der Sprache ist eingeschlossen.

Wernicke veröffentlichte seine Untersuchungen 1874. Menschen, deren Wernicke-Zentrum (das auf der linken Hemisphäre näher am Hinterkopf liegt) geschädigt ist, können zwar sehr flüssig und schnell reden; auch ihre Grammatik ist in Ordnung. Sie kennen aber die Begriffe nicht mehr, reden drumherum oder erfinden gar neue, völlig sinnlose Worte. Statt »Blume« sagen sie zum Beispiel: »Sie wissen schon, die Dinge, die im Garten wachsen.« Zusammen mit frei erfundenen Begriffen geht der

Sinnzusammenhang eines gesprochenen Satzes oft völlig verloren – das Gesagte wird vom Zuhörer nur noch als »dummes Zeug« empfunden. Auch Schädigungen der rechten Hirnhälfte sind der Wissenschaft bekannt und untersucht geworden. So gibt es Menschen, die keine Gesichter mehr erkennen können, nicht einmal ihr eigenes Photo. Auch die Intonation der Sprache kommt aus der rechten Hirnhälfte.

Es gibt Schädigungen, nach denen die Patienten nicht mehr in der Lage sind, den emotionalen Gehalt von Gehörtem einzuschätzen oder sich selbst entsprechend auszudrücken. Im Fall einer Lehrerin war das besonders hinderlich: Sie konnte ihren Ärger nicht mehr durch ihre Stimmlage ausdrücken, und ihre Schüler wußten oft nicht, woran sie mit ihr waren, weil sie ihre Stimmung aus dem Gehörten nicht erkennen konnten.

Der französische Komponist Maurice Ravel litt auf dem Höhepunkt seiner Karriere so stark unter Störungen seiner linken Hirnhälfte, daß nicht nur sein Sprachvermögen gestört war, sondern auch das Niederschreiben von Noten und das Klavierspielen. Beides sind Funktionen, die wesentlich vom linken Teil des Gehirns gesteuert werden. Sein Musikverständnis (aus der rechten Hemisphäre) war jedoch völlig intakt: Spielte man ihm seine eigenen Kompositionen vor, so entdeckte er auch kleinste Ungenauigkeiten und konnte Rhythmus und Stil des Spiels gut beurteilen.

So enstand langsam, wie bei einem Mosaik, ein Bild der Funktionen der beiden Hemisphären. Einen entscheidenden Fortschritt erzielten amerikanische Hirnforscher in den letzten drei Jahrzehnten; sie fügten dem bis dahin sehr lückenhaften Wissen viele neue Mosaikstücke hinzu.

1.5 Der durchtrennte Balken

Die beiden Hemisphären des Großhirns sind über ein Bündel von 200 bis 300 Millionen Nervenfasern miteinander verbunden. Über diesen sogenannten Balken (Corpus callosum) laufen Informationen ständig hin und her und verhindern so, daß wir die unterschiedlichen »Prozessoren« getrennt wahrnehmen. Unsere Kenntnisse über die unterschiedlichen Funktionen sind durch Untersuchungen an sogenannten »split brain«-Patienten erheblich erweitert worden. Bei diesen Patienten ist der Balken operativ durchtrennt worden. Es handelt sich um Epileptiker, die man auf diese Weise von ihren fürchterlichen Anfällen befreien wollte, was auch zum großen Teil gelang. Diese Anfälle gehen auf heftige elektrische Entladungen zurück, die über den Balken laufen.

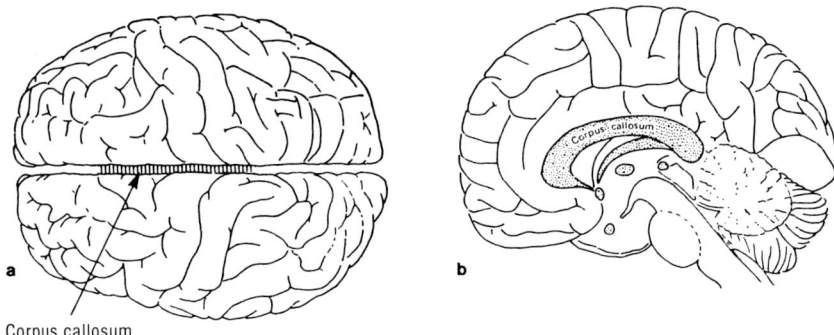

Corpus callosum

Abbildung 4: Der Balken »Corpus callosum« (LV Blakeslee)

Die ersten weniger erfolgreichen Operationen wurden in den frühen 40er Jahren dieses Jahrhunderts von William van Wagenen durchgeführt.

Später wurden sie mit mehr Erfolg von Philip Vogel und Joseph Bogen wiederholt. *Roger Sperry* (der dafür 1981 den Nobelpreis erhielt) und sein Mitarbeiter Michael Gazzaniga haben diese »split brain«-Patienten sehr eingehend untersucht. Diesen beiden amerikanischen Hirnforschern verdanken wir wesentliche Erkenntnisse über die Eigenschaften der linken und rechten Hemisphäre. Die Literatur darüber ist inzwischen sehr umfangreich und kaum noch zu überblicken; außerdem sind die Hirnforscher nicht in allen Fragen einer Meinung.

Diese Zusammenhänge verdeutlicht ein Experiment, das mit einem »split brain«-Patienten durchgeführt wurde: Man verband ihm zunächst die Augen, weil über die in jedem Auge vorhandenen beiden Sehfelder eine Verbindung zwischen den Hemisphären besteht. Dann gab man ihm einen *Schlüssel* in die linke Hand.

Der Eindruck dieses Schlüssels wandert als Information in die rechte Hemisphäre, die keine Sprache hat: Der Patient kann nicht sagen, was er in der Hand hält, da er keinen Begriff für den Schlüssel hat. Er kann ihn

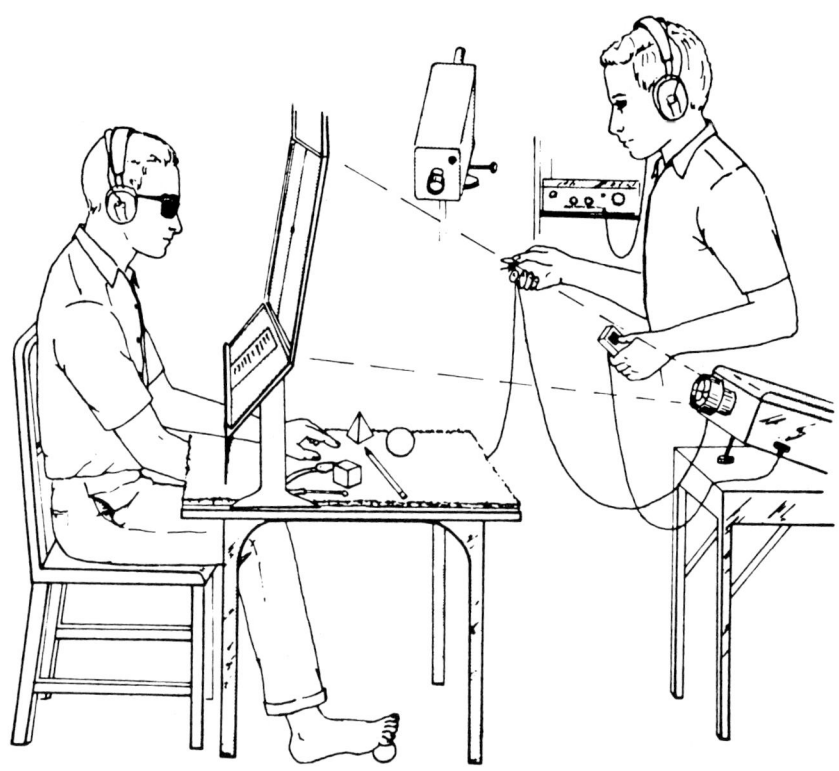

Abbildung 5: Anordnung zum Testen von »split brain«-Patienten (LV Eccles, 1976)

aber hinterher aus einer Reihe von Gegenständen heraussuchen. Die rechte Hemisphäre hatte die Form erkannt und gespeichert. Umgekehrt ergibt der Versuch folgende Ergebnisse: Ein in der rechten Hand gehaltener Gegenstand kann zwar benannt, aber die Form nicht wiedererkannt werden.

Das durch derartige Experimente gewonnene Bild von den speziellen Funktionen der beiden Hirnhälften ist bei weitem noch nicht vollständig. Man darf sich diese Funktionen nicht als strikt getrennt vorstellen, etwa wie zwei Prozessoren eines Computers. Das Bild ist sehr komplex, und die Fähigkeiten überlappen sich. Es gibt *Dominanzen* der einen oder anderen Arbeitsweise, die sich gegenseitig stark beeinflussen. Als Vergleich

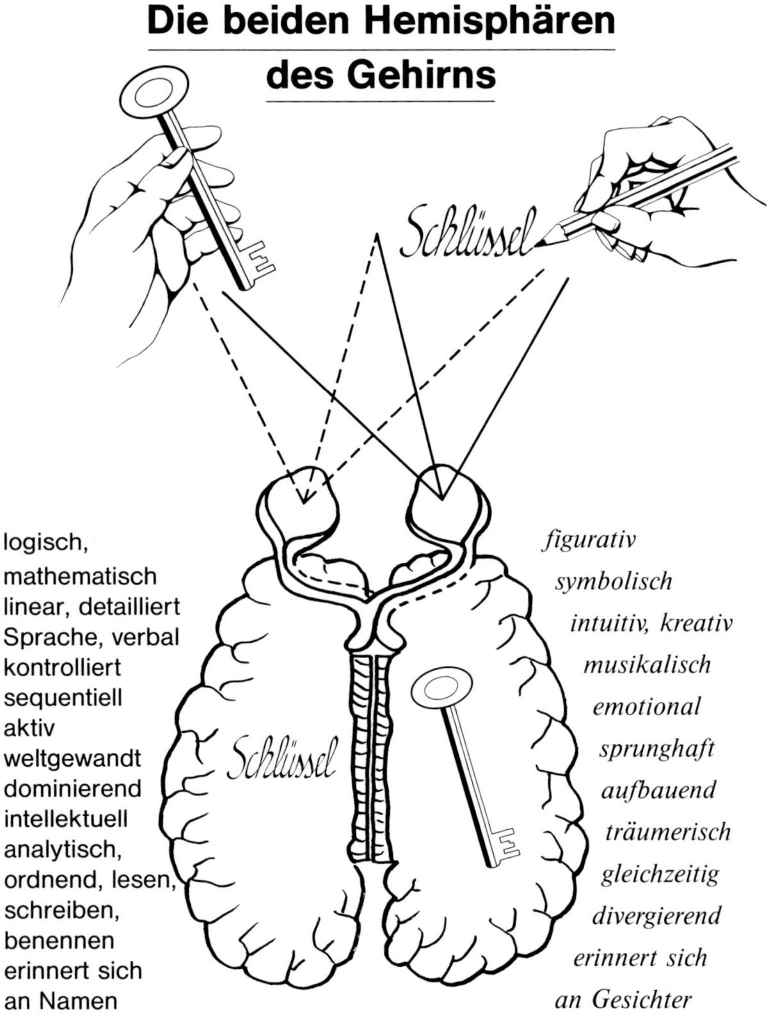
Die beiden Hemisphären des Gehirns
Schlüssel
Schlüssel
logisch,
mathematisch
linear, detailliert
Sprache, verbal
kontrolliert
sequentiell
aktiv
weltgewandt
dominierend
intellektuell
analytisch,
ordnend, lesen,
schreiben,
benennen
erinnert sich
an Namen
figurativ
symbolisch
intuitiv, kreativ
musikalisch
emotional
sprunghaft
aufbauend
träumerisch
gleichzeitig
divergierend
erinnert sich
an Gesichter

Abbildung 6: Merkmale der beiden Hemisphären
(nach einer Vorlage von Mark Brown in »Left handed, right handed«)

kann die Arbeit zweier Partner oder Freunde dienen, die einander die Arten von Tätigkeiten überlassen, die der einzelne jeweils besser beherrscht. Es scheint, daß das Bild, das wir von der Funktion des

Gehirns haben, komplexer wird mit jeder neuen Erkenntnis, die die Hirnforschung gewinnt; das Gebiet des Unbekannten wird größer, während wir versuchen, die Zusammenhänge zu verstehen.

links	rechts
analysiert	*spekuliert*
ist realistisch	*ist neugierig*
vermeidet Fehler	*liebt das Risiko*
stellt Regeln auf	*bricht Regeln*
kontrolliert	*spielt*
folgert rational	*ist ungeduldig*
vermeidet Risiko	*fühlt*
artikuliert	*ist sprunghaft*
dominiert	*phantasiert*
ist objektiv	*ist subjektiv*
ist konvergierend	*ist divergierend*
erklärt Managen	*ist Manager*
digital, diskret	*analog, kontinuiert*
spricht	*ist sprachlos*

Abbildung 7: Die unterschiedlichen Arbeitsweisen der Hemisphären

Die nachstehende Liste gibt einen Überblick, mit welchen Ausdrücken verschiedene Autoren den *Dualismus* im Menschen beschrieben haben. Die meisten nahmen noch keinen Bezug auf die beiden Hemisphären des Gehirns:

Autor	linke Hemisphäre	*rechte Hemisphäre*
Bacon	Argument	*Erfahrung*
Blackburn	Intellektuell	*Gefühlsmäßig*
Brunner	Rational	*Methaphorisch (bildhaft)*
De Bono	Vertikales Denken	*Laterales Denken*
Deikmann	Aktiv	*Empfänglich*
Freud	Bewußt (Sekundärprozeß)	*Unbewußt (Primärprozeß)*
Goldstein	Abstrakt	*Konkret*
Guildford	Konvergent	*Divergent*
I Ging	Maskulin, Yang	*Feminin, Yin*
	Licht	*Dunkel*
	Zeit	*Raum*
	Himmel	*Erde*
Jung	Denken, Beobachtung	*Fühlen, Intuition*
Koestler	Blick nach außen	*Blick nach innen*
Kubie	Bewußtes Verarbeiten	*Unbewußtes Verarbeiten*
Laing	Das falsche Selbst	*Das wahre Selbst*
Levi-Strauss	Positiv	*Mythisch*
Levy, Sperry	Analytisch	*Gestalt*
Luria	Sequentiell	*Gleichzeitig*
Oppenheimer	Zeit, Historie	*Ewigkeit, Zeitlosigkeit*
Ornstein	Analytisch	*Holistisch*
Pribam	Digital	*Analog*
Schopenhauer	Objektiv	*Subjektiv*
Semmes	Fokussiert	*Diffus*
Taylor	Konvergent	*Divergent*
Wells	Hierarchisch	*Heterarchisch*
Wertheimer	Produktives Denken	*Blindes Denken*
Wilder	Numerisch	*Geometrisch*
andere Quellen	Tag	*Nacht*
	Verbal	*Räumlich*
	Öffentliches Selbst	*Privates Selbst*
	Wörtliche Bedeutung	*Gleichnishafte Bedeutung*

Abbildung 8: Die beiden Arten des Bewußtseins

Sind wir auf Epileptiker und Hirngeschädigte angewiesen, um mehr über unser Denken und Verhalten zu erfahren? Es gibt natürlich weitere Verfahren, mit denen man die Spezialisierung des Gehirns untersucht bzw. aus pathologischen Fällen gewonnene Erkenntnisse nachgeprüft hat. Hier sind noch einige Beispiele:

Bei dem nach *Juhn Wada* benannten Test werden in die Halsschlagader, welche die jeweilige Hemisphäre mit Blut versorgt, Betäubungsmittel injiziert. Man erkennt, welche Funktionen ausfallen, weil die entsprechenden Hirnteile betäubt sind. So läßt sich rasch feststellen, wo sich die Sprachzentren befinden. Diese können bei manchen Menschen auch rechts sitzen.

Mit einem sogenannten *PET-Scanner* (Positron Emission Tomograph) kann der Blutzuckerverbrauch als Maß erhöhten Energieverbrauchs zu einem bestimmten Zeitpunkt gemessen werden. Bei unserem Beispiel (Abbildung 9) ist eine Aufnahme durch die Schädeldecke gemacht worden, wobei die Stirn oben ist. Die dunklen Stellen zeigen den Bereich erhöhten Energieverbrauchs an; auf dem Bildschirm wird alles farbig gezeigt. Bild a) zeigt den Ruhezustand. Im Bild b) beschäftigt sich der Proband mit Sprache: Er hört konzentriert zu und versucht, das Gesagte zu verstehen. In Bild c) kommt Musik dazu, z. B. beim Hören eines Gesangs, und bei d) hört er nur Musik. Die linke Seite mit den Sprachzentren ist jetzt nicht mehr aktiv, während die rechte Seite die Musik empfindet.

Dabbs beschreibt 1980 ein Experiment, mit dem er bei Vorträgen immer wieder Erstaunen hervorruft: Er untersuchte Gruppen von Studenten während intensiver Prüfungsarbeiten; dabei nahm er mittels Infrarot-Photographie die Köpfe der Studenten auf. Die eine Gruppe stellte Architektur-Studenten bei Entwurfsaufgaben dar, die andere Sprach-Studenten bei Übersetzungsarbeiten. Es zeigte sich, daß bei den Sprach-Studenten die linke Kopfhälfte und bei den Architektur-Studenten die rechte Kopfhälfte wärmer, also stärker durchblutet, war. Dieses Experiment zeigt, wie sehr sich auch rein körperlich die unterschiedlichen Funktionen der Hirnhälften ausdrücken.

Auch die Messung der *Hirnströme* (EEG = Elektro-Encephalogramm) liefert ähnliche Ergebnisse. Man unterscheidet im wesentlichen vier verschiedene Arten von Hirnströmen: *Alphawellen* (Frequenz: 8 bis

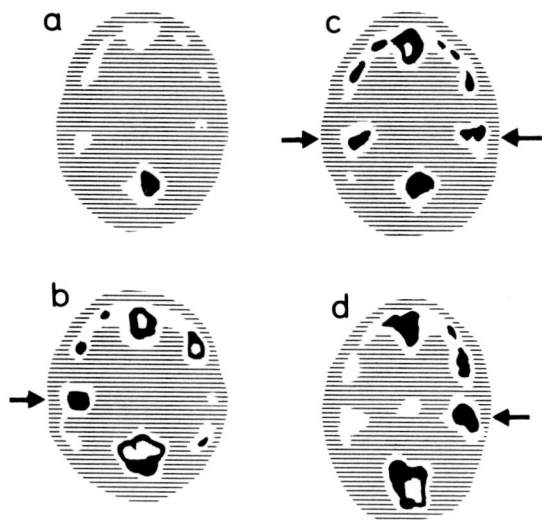

Abbildung 9: PET-Scanner-Aufnahmen (LV Diagram Group)

13 Hertz) zeigen einen Zustand der Entspannung an; *Betawellen* (mehr als 13 Hertz) charakterisieren einen wachen, tätigen Zustand (reden, denken usw.). *Thetawellen* (4 bis 7 Hertz) werden kurz vor dem Einschlafen registriert, und *Deltawellen* (1 bis 3 Hertz) tauchen im Tiefschlaf auf. Bei einem Versuch, in dem der Autor selber das »Opfer« war, wurden zunächst durch tiefe Entspannung auf beiden Seiten Alphawellen produziert, die auf dem Elektro-Encephalogramm registriert wurden. Dann wurde über einen Kopflautsprecher ein klassisches Musikstück eingespielt, und langsam zeigten sich auf der rechten Seite Betawellen, während der Proband die Musik genoß, ohne weitere Gedanken zu haben. Hier ein Auszug aus dem persönlichen Erfahrungsbericht:

»Plötzlich fiel mir etwas Merkwürdiges auf: mein linkes Augenlid klapperte, und zwar genau im Rhythmus der Musik. Das irritierte mich – und sofort tauchten auf der linken Seite ebenfalls Betawellen auf, die die Denkaktivität in der linken Hirnhälfte, das Analysieren der Störung, anzeigten.« (R.S.)

Abbildung 10: Wellenformen des EEG's (LV Diagram Group)

Stimmt die Verteilung linke–rechte Hirn-Hemisphäre für alle Menschen? Wie sieht es bei Linkshändern aus? Man glaubte früher, daß bei Linkshändern die Verteilung genau andersherum sei, die Sprachzentren also in der rechten Hemisphäre liegen. Wir wissen heute, daß dies nicht der Fall ist. *Jerre Levy* entdeckte einen einfachen Test, mit dem sich feststellen läßt, welche Hemisphäre die Sprachzentren enthält. Sie beobachtete, daß etwa 60 % aller Linkshänder mit verdrehter Hand schreiben. Das entspricht ziemlich genau dem Prozentsatz von Linkshändern mit Sprachzentren in der linken Hemisphäre (was man z. B. durch den Wada-Test feststellen kann).

Levy schloß daraus, daß eine verdrehte Schreibhaltung immer dann auftaucht, wenn Sprachzentren und Schreibhand auf der gleichen Körperseite liegen. In diesen Fällen führt offensichtlich die Tatsache, daß die physische Steuerung der Hand und das Sprachzenrum auf entgegengesetzten Seiten des Gehirns liegen, zu einer Verdrehung der Handhaltung. Ihre Versuche bestätigten ihre These in eindrucksvoller Weise. Unter 73 Versuchspersonen fand sie nur einen Rechtshänder mit verdrehter Schreibhaltung, eine relativ seltene Ausnahme. Es sind auch Fälle mit verteilten Sprachzentren gefunden worden: Die Natur läßt sich offenbar nicht so leicht in Kategorien aufteilen! Das Hirn-Dominanz-Instrument von Ned Herrmann benutzt übrigens diese Zusammenhänge, um die Lage des Sprachzentrums zu finden.

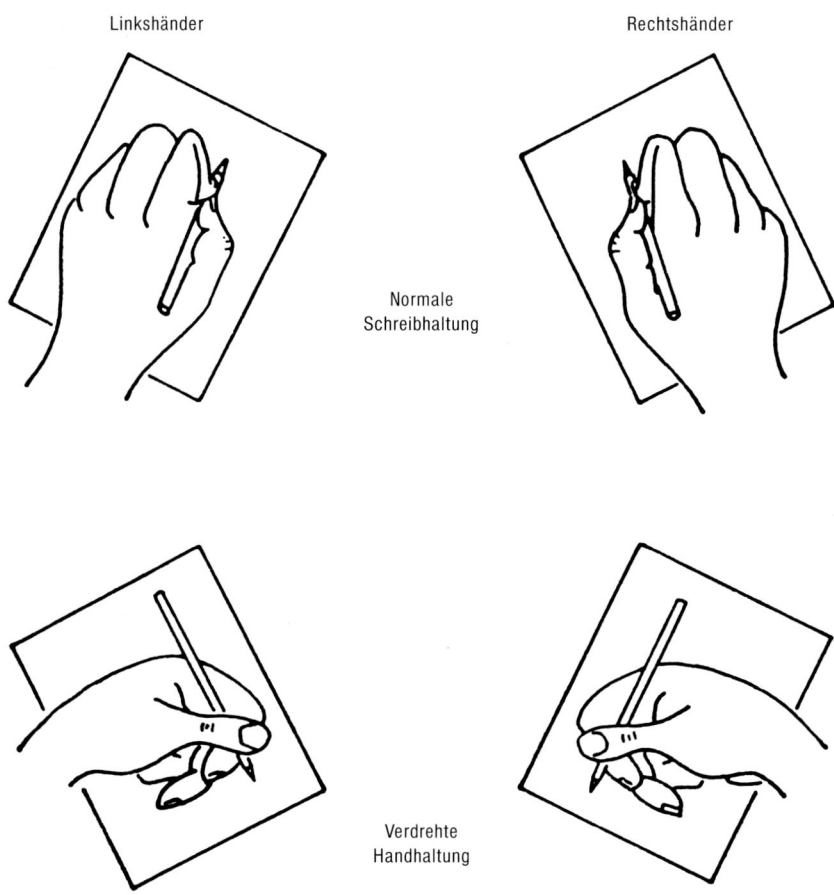

Abbildung 11: Schreibhaltungen bei Links- und Rechtshändern (LV Blakeslee)

In diesem Zusammenhang wird oft die Frage gestellt, warum die meisten Menschen Rechtshänder sind. Es gibt darauf noch keine überzeugende Antwort, aber eine Reihe von Spekulationen: Eine *Spezialisierung* ist evolutionstechnisch offenbar vorteilhaft. Einige Forscher glauben, daß sich diese Spezialisierung in der Bronzezeit entwickelte, als die Werkzeuge raffinierter wurden und präzisere Handhabung verlangten.

Eine Hand und damit eine Hemisphäre richteten sich darauf ein. Aber warum rechts? Carlyle schlug im vorigen Jahrhundert eine Begründung vor: Der Kämpfer mußte vor allem sein Herz gegen einen Angriff schützen, z. B. mit einem Schild –, und das geschah mit links. Damit wurde die rechte Hand für die feineren und komplizierteren Bewegungen gebraucht, und das führte zu ihrer Bevorzugung. William H. Calvin folgt in seinem interessanten Buch »The Throwing Madonna« einer ähnlichen Argumentation: Als unsere Urmutter nicht nur Nahrung suchen bzw. sich verteidigen mußte, hatte sie auch ihr Kind zu halten und zu beruhigen: das Kind war auf der linken Seite wegen des beruhigenden Herzschlags besser aufgehoben, und es war wieder die rechte Hand, welche die schwierigeren Aufgaben übernahm.

KAPITEL 2:

Hirndominanz und die Folgen

2.1 Geschlechts-spezifische Dominanzen

Gibt es Unterschiede zwischen Frauen und Männern? Gott sei Dank: ja! Hier soll nur der Unterschied in *hemisphärischer Spezialisierung* interessieren. Das Thema ist beladen mit Ideologien. Es ist schwierig, aus der Vielfalt von Meinungen und Vorurteilen die wenigen wissenschaftlich belegbaren Merkmale herauszufiltern. Frauen sind im Durchschnitt besser in sprachlichen Fähigkeiten, Männer bei räumlichen Aufgaben – diese Unterschiede sind jedoch nicht sehr groß.

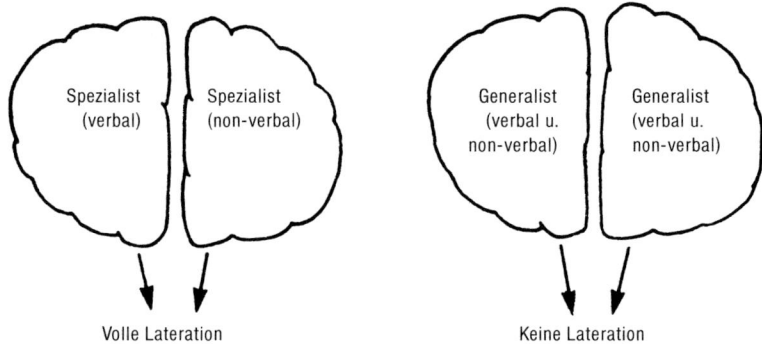

Abbildung 12: Die beiden Extreme – zwei Arten der Partnerschaft

Etwas deutlicher ist die durchschnittlich stärkere *Lateralisierung* der Hemisphären, d. h., beim Mann gleichen die beiden Hemisphären eher zwei *Spezialisten,* bei Frauen eher zwei *Generalisten.* Die Anzahl der Nervenfasern des Balkens ist außerdem bei Frauen im Durchschnitt um 15 % größer als bei Männern. Mädchen reifen schneller als Jungen, die damit auch mehr Zeit für das bildlich gesprochene Auseinanderdriften der Hemisphären haben. Auch Linkshänder scheinen weniger lateralisiert zu sein als Rechtshänder. Ob übrigens eine stärkere Lateralisierung unbedingt ein Vorteil ist, ist noch nicht erwiesen. Einerseits erscheint sie besser zur Lösung schwieriger Aufgaben geeignet, andererseits hat sie Probleme, wo es um schnelle Zusammenarbeit unterschiedlicher Fähigkeiten geht. Besonders problematisch wird es, wenn eine Seite ausfällt.

J. P. Guildford stellte folgende Liste geschlechtsspezifischer Fähigkeiten auf, die sich aus unterschiedlichen Lateralisierungen ergeben könnten:

Männliche Überlegenheit	Weibliche Überlegenheit
Gestaltergänzung	Logisches Folgern
Räumliche Orientierung	Gegensatzbildung; sprachliche Analogien
Räumliche Erfassung	Ähnlichkeitsurteile
Rechnerisches Denken	Zahlensymbole
Streichholzaufgaben	Wortgedächtnis
Labyrinthaufgaben	Ausdrucksflüssigkeit

Abbildung 13: Männliche und weibliche Überlegenheit

Thomas Blakeslee schreibt in seinem Buch »Das Rechte Gehirn« über das Thema »Warum gibt es keinen weiblichen Beethoven?« (S. 113):

»Eins der merkwürdigen Paradoxe im Zusammenhang mit dem Unterschied zwischen Männern und Frauen ist, daß es (bis jetzt) keine Frauen gegeben hat, die turmhoch überlegene Genies waren. Gewiß gibt es viele Frauen, die als Genies gelten können, aber ein turmhoch überlegenes Genie erhebt sich tatsächlich mit Kopf und Schultern über ein ganzes Zeitalter. Männer wie Einstein, Leonardo da Vinci, Newton, Beethoven, Bach, Plato, Aristoteles, Edison, Darwin und Shakespeare hatten Fähigkeiten, die außerhalb der Reichweite des ‚gewöhnlichen' Genies lagen.

Gewiß kann hier Mangel an Gelegenheit oder Ehrgeiz viel erklären, aber das turmhoch überlegene Genie ist so hartnäckig, daß Armut und Unterdrückung ihm selten den Weg versperrt haben. Viele Frauen geben früh zu großen Hoffnungen Anlaß, erringen Ansehen und Ruhm ganz ähnlich wie das überragende Genie, aber der letzte Aufstieg auf die höchste Ebene kommt einfach nie.

Es ist jedoch interessant, daß auf allen normalen Leistungsniveaus Frauen den Männern ebenbürtig zu sein scheinen. Ihre Ergebnisse in IQ-Tests und Schulabschlüssen sind gleich. Vielleicht liegt die Erklärung für dieses Paradox in der genetisch festgelegten schnelleren Reifung der Frau und ihrer Auswirkung auf die Hirnorganisation. Wenn das Gehirn der Frau dazu neigt, wie ein Generalistenpaar zu arbeiten, während das des Mannes mehr wie ein Spezialistenpaar arbeitet, so mag hierin des

Rätsels Lösung liegen. Da ‚zwei Köpfe‘ besser sind als einer, können Frauen auf den meisten Schwierigkeitsstufen einen beträchlichen Vorsprung an Schnelligkeit, Geläufigkeit und Genauigkeit haben. Auf der höheren Ebene der Kreativität sind dann die von Einstein beschriebenen verschiedenen Arten des Denkens ausschlaggebend, wenn ein Problem überhaupt gelöst werden kann. (Einstein war übrigens ein ausgesprochener Spätentwickler.)«

Vielleicht gipfelt die ganze Diskussion über die unterschiedlichen geistigen Fähigkeiten von Männern und Frauen in der Feststellung von Karl Pribam: »Frauen und Männer sind von Anfang an verschieden; was gleich gemacht werden muß, ist der Wert, den wir diesen Unterschieden beimessen.«

2.2 Evolutorische Aspekte

Die Frage nach der Dominanz der Hemisphären ist nicht so einfach zu beantworten. Es kommt darauf an, was man unter *Dominanz* versteht. Früher glaubte man, daß die linke Hirnhälfte die eindeutig überlegene sei. Heute könnte man sagen, daß sie die vorlaute ist. Die Entwicklung der Sprache, die vielfältigen Möglichkeiten der Kommunikation und der Abstraktion haben zu einem steilen Anstieg in der kulturellen Entwicklung des Menschen in den vergangenen Jahrtausenden geführt. Die Fähigkeiten der rechten Hirnhälfte gehörten zweifelsohne zu den originären Funktionen, die zum unmittelbaren Überleben notwendig waren. Für unseren Urahn in der Steppe war das Erkennen von Formen, Farben, Geräuschen usw. wesentlich wichtiger als die späteren Möglichkeiten der verbalen Kommunikation mit Gleichartigen.

Mit der kulturellen und zivilisatorischen Entwicklung des Menschen wurden die Fähigkeiten der *rechten Hemisphäre* mehr und mehr vernachlässigt. Man gab sich, zumindest in der westlichen Welt, der Faszination des Wortes, des verbal ausgedrückten Gedankens, der Fähigkeit, sich differenziert verständigen zu können, hin. »Am Anfang war das Wort, und das Wort war bei Gott, und Gott war das Wort... Alle Dinge sind durch dasselbe gemacht, und ohne dasselbe ist nichts gemacht, was gemacht ist. In ihm war das Leben, und das Leben war das Licht des Menschen.« (Joh. 1.1) Kann man es deutlicher ausdrücken?

Mit der Bevorzugung der *linken Hemisphäre* ging die Bevorzugung der rechten Hälfte des Körpers, ja der »Rechtsheit« überhaupt Hand in Hand. »Er sitzet zur Rechten des Vaters...«, so wie die Noblen zur Rechten des Königs saßen. Unsere Sprachen sind in dieser Hinsicht sehr aufschlußreich:

Rechts: legal, das Recht, richtig; das stimmt für Französich (droit), für Englisch (right), fürs Spanische und Italienische.

Links: linkisch, falsch, dunkel, schlecht; das läßt sich ebenfalls in vielen Sprachen nachverfolgen, z. B. im Italienischen: mancina ist die linke Hand, mancino ist der Mangel.

John Eccles, englischer Hirnphysiologe und Nobelpreisträger, plaziert den »selbstbewußten Geist« des Menschen ausschließlich in die linke Hirnhälfte; für ihn ist sie klar die dominante Hälfte, weil mit der Gabe der Sprache ausgestattet. Zitat (aus »Das Ich und sein Gehirn« von Karl Popper und John Eccles): »Die Kommissurotomie (Anmerkung: das ist die Durchtrennung des Balkens) hat das bihemispärische Gehirn in eine dominante Hemisphäre gespalten, die ausschließlich mit dem selbstbewußten Geist in Verbindung steht und durch ihn kontrolliert wird, und in eine subdominante Hemisphäre, die viele der Leistungen ausführt, die vorher vom intakten Gehirn ausgeführt wurden, doch sie steht nicht unter der Kontrolle des selbstbewußten Geistes.« Alles, was uns zu Menschen macht, kommt nach Eccles aus der linken Hirnhälfte.

Selbst wenn man dem zustimmt: Wir erkennen heute mehr und mehr, welchen Wert das Unbewußte und Unterbewußte hat, und werden zunehmend skeptischer gegenüber der Einstellung, daß nur das real ist, was man mit der Sprache erfassen und beschreiben kann. In einer Welt, die sich wieder stärker dem Bildhaften zuwendet, etwa im Fernsehen, in Comics und Illustrierten, sind wir zunehmend offener für Gefühle, Visionen, Phantasien, Träume, die mehr aus der rechten Hemisphäre zu kommen scheinen. Vielleicht hängen unsere Drogenprobleme damit zusammen, daß große Teile der Jugend die kalte Logik der Vergangenheit leid sind, weil sie sehen, wie uns die Errungenschaften der letzten Jahrhunderte mit ihrer Überbetonung der aufgeklärten Ratio an den Rand des Abgrunds gebracht haben. Sie betäuben diese Logik und geben sich den Träumen und Phantasien der rechten Hemisphäre hin. Im Schlaf scheint übrigens die linke Hirnhälfte die Kontrolle abzugeben. Wenn wir träumen, ist die rechte Hemisphäre wesentlich aktiver, wie EEG-Untersuchungen gezeigt haben.

Julian Jaynes, ein Psychologe der Universität Princeton, hat eine kühne und faszinierende Theorie aufgestellt. Bis vor etwa 3000 Jahren waren Menschen der Gattung Homo sapiens seiner Ansicht nach praktisch wie Automaten, ohne jedes Konzept der eigenen Bestimmung oder der Zeitspanne ihres Lebens. Sie hörten Stimmen in ihren Köpfen und nannten diese Stimmen ihre Götter. Die Götter sagten ihnen, was sie tun sollten und wie. Das Bewußtsein war zweigeteilt: ein Teil befahl, das war »Gott«, der andere Teil folgte, das war der Mensch. Jaynes nennt dies »bicameral mind«. Der Sprache waren diese Menschen schon mächtig, und als Schreiben und noch komplexere Aufgaben stärker wurden, entwickelte sich das Selbstbewußtsein, und die halluzinatorischen Stimmen wurden leiser: der »bicameral mind« brach zusammen.

Jaynes vermutet, daß diese Stimmen aus der rechten Hemisphäre kamen und von den Sprachzentren der linken Hemisphäre wahrgenommen wurden. Er belegt seine Theorie durch Interpretation sehr früher Heldenepen, wie die Ilias, die den Kampf der Griechen gegen Troja schildert. In der Ilias werden praktisch alle Handlungen als von Göttern diktiert erklärt. Dies trifft für die mindestens hundert Jahre später enstandene Odyssee jedoch nicht zu.

Auch das Studium fernöstlicher Lehren und Religionen und die Besinnung auf die Mystik in den westlichen Religionen haben viele dazu gebracht, die verschütteten, unterdrückten Fähigkeiten der rechten Hemisphäre wieder stärker zu beachten. Das gestiegene Interesse an okkulten Wissenschaften, Esoterik, an östlichen Weisheiten und an allem, was mit den Begriffen New Age oder Wassermann-Zeitalter zusammenhängt, zeigt dies sehr deutlich. Es scheint eine allgemeine Sehnsucht nach einem besseren Verständnis des tieferen Sinns unseres Daseins zu geben, die von den etablierten Religionen nicht befriedigt werden kann. Von den Naturwissenschaften erwarten die Menschen nach den katastrophalen Entwicklungen der letzten Jahrzehnte offensichtlich auch keine Antworten mehr. In diesem Klima kommen auch Scharlatanerie und unausgegorene Phantastereien hoch. Sind jedoch neue Entwicklungen und Entdeckungen nicht immer zunächst abgelehnt worden?

»Es gibt mehr Dinge im Himmel und auf Erden, als Eure Schulweisheit sich träumen läßt!« Wir sollten offen sein für die vielen neuen Denkanstöße, die gerade in diesen Jahren vermehrt auftauchen, und vorbehaltlos prüfen, was davon geeignet ist, uns aus dem Dilemma herauszuführen, in das wir uns im Laufe der letzten Jahrhunderte in immer rasanterem Tempo hineinmanövriert haben. Es ist faszinierend zu beobachten, wie sich neue Ideen ihren Weg suchen, dabei oft belächelt, aber von immer mehr Menschen stark beachtet werden.

Wir befinden uns mitten in einer Evolution, die dem Aufbruch aus dem Mittelalter nicht unähnlich ist. Damals kamen immer mehr Menschen zu der Überzeugung: »Die Wirklichkeit ist nicht nur das, was uns die Kirche erzählt. Wir können die Welt beobachten, wir können messen, vergleichen, nachdenken und Schlüsse ziehen, die uns neue Erkenntnisse bringen.« Und siehe da: Die Erde war rund und nicht flach, es gab große und kleine Welten, die man erforschen, und Naturgesetze, die man entdecken konnte.

Heute scheinen sich ähnliche Entwicklungen anzubahnen. Die Welt ist mehr, als die Naturwissenschaften vorgeben. Es existieren nicht nur beobachtbare und meßbare Dinge, sondern auch Bereiche, die nur erlebt, erahnt, gefühlt, aber nicht beschrieben werden können. Diese Phänomene werden zögernd und unsicher ertastet. Der Trend scheint jedoch nicht mehr aufzuhalten zu sein. Zwei Beispiele sollen dies verdeutlichen.

In seinem Buch »Die erwachende Erde, unser nächster Evolutionssprung« beschreibt der englische Physiker, Psychologe und Meditationslehrer *Peter Russell* eine kühne Theorie. Ausgehend von der Gaia-Theorie James Lovelocks, wonach die Erde nicht nur eine Ansammlung von Lebewesen, sondern selbst ein Lebewesen ist, vollzieht er die Evolutionsstufen der Welt nach: Vom Urknall, der reinen Energie, über die Materie, das Leben bis zum selbstbewußten Leben, wie wir es beim Menschen finden. Russell fragt sich, welches wohl die nächste *Evolutionsstufe* sein könnte. Seine Antwort lautet: Vielleicht ist es ein Zusammenwachsen aller Bewußtseine zu einem globalen Bewußtsein, etwas völlig Neuem, das das Bisherige ergänzt, nicht ersetzt. Als Physiker ist er realistisch genug, seine Hypothese mit plausiblen Fakten zu untermauern. Seine Schlußfolgerungen sind eindrucksvoll.

Das zweite Beispiel: Ein Weg, wie dieses globale Bewußtsein zustande kommen kann, besteht nach Peter Russell in der gemeinsamen *Meditation großer Gruppen* von Menschen. In der »Trendwende« 8/1986, die von *Jochen Uebel* herausgegeben wird, ist ein Experiment beschrieben, das zur Zeit in der Nähe von Neu-Delhi in Indien vorbereitet wird. Maharishi Mahesh Yogi, als Meditationslehrer der Beatles berühmt geworden und als Begründer der Transzendentalen Meditation weltbekannt, möchte mit Hilfe einer Gruppe von zehntausend Meditierenden einen so großen Einfluß auf den Friedenswillen in die Welt aussenden, daß sämtliche internationalen Kampfhandlungen zum Stillstand kommen. Damit möchte er beweisen, daß es das Bewußtsein ist, das die Welt regiert. Immerhin gründet er seine Theorie auf einer ganzen Reihe wissenschaftlich fundierter Untersuchungen über den Einfluß der Meditation, die eine elektrisch meßbare Synchronisation zwischen rechter und linker Hemisphäre herbeiführt.

Sind das alles nur Theorien, Spekulationen und Vermutungen, die den Bereich des durch die Hirnforschung gesicherten Wissens weit hinter sich lassen? Es sind Spekulationen, die einen weiten Bereich eröffnen, in dem die Wissenschaft neue Fragen stellen und versuchen kann, sie zu beantworten. Es gibt Vermutungen, wonach sich zu Beginn des nächsten Jahrtausends 80 % aller Forschung mit dem menschlichen Bewußtsein beschäftigen wird.

Die Frage nach der Hirn-Dominanz beim Menschen konnte damit nicht beantwortet werden, denn sie läßt sich nur für den einzelnen Menschen oder für Gruppen wie Berufe, Firmen oder Völker beantworten, nicht aber für die Spezies Homo sapiens selbst.

In diesem Zusammenhang sei Robert Ornsteins Meinung zu dieser Frage zitiert:

»Ich denke, es ist wichtig zu wissen, daß viele Lösungen der Probleme, die die westlichen Wissenschaften in der Physik, der Psychologie, in vielen Gebieten heute erleben, in gewisser Weise schon von Menschen anderer Kulturen verstanden wurden, Menschen, die die Welt anders organisiert haben. Ich denke an die Leute aus dem Nahen und Fernen Osten, die, wenn man es recht bedenkt, eine Kultur hatten, die mehr rechts-hemisphärisch entschied, was wichtig ist. Es ist keine Entweder/Oder-Frage, daß wir »gut« sind und sie »schlecht«. Aber wir können die

Auswüchse unserer Kultur als teilweise bedingt durch unsere dominierende linke Hemisphäre betrachten, durch die Art, wie wir denken, was wir für gute Gedanken halten – und sogar durch unsere Ansicht darüber, was »Denken« ist. Das bedeutet etwa, wenn wir sagen, jemand hat einen großen Verstand: In Wirklichkeit meinen wir, daß er ein großes Mundwerk hat, daß er gut reden kann, daß er eine gute linke Hemisphäre hat. Die andere Seite haben wir völlig zurückgewiesen und beiseite geschoben. Sie haben auch das Gegenbeispiel von Leuten, die eine sehr große intuitive Auffassungsgabe von Musik, Raum und dem Wesen der Wirklichkeit haben, wenn Sie so wollen, und die nicht gut genug organisiert sind, um ihre Mitmenschen zu kleiden und mit Nahrung zu versorgen. Sie haben also diese großen Männer, die diese großartigen Ideen denken – während die Leute auf der Straße sterben.«

Einen besonderen Erkenntnisgewinn vermittelt eine Sufi-Geschichte über den unglaublichen Mulla Nasrudin, der als Richter berufen worden war und das Problem des »Entweder/Oder« auf seine Art löste. In seinem ersten Fall hörte er dem Staatsanwalt zu und sagte, als dieser geendet hatte: »Ich bin der Ansicht, daß Sie recht haben.« Darauf erläuterte der Verteidiger seine Position, und Nasrudin sagte auch zu ihm, als er geendet hatte: »Ich bin der Ansicht, daß Sie recht haben.« Und als der Gerichtschreiber ihn darauf aufmerksam machte, daß doch nicht beide Seiten recht haben könnten, antwortete er ihm: »Ich bin der Ansicht, daß auch Sie recht haben!«

2.3 Bildungspolitische Konsequenzen

Es besteht wohl kein Zweifel daran, daß unsere westliche Zivilisation der linken Hemisphäre und ihren Funktionen einen wesentlich höheren Stellenwert beimißt als der rechten. Die wichtigsten *Schulfächer* trainieren die linke Hemisphäre, und die Schulmethoden favorisieren sie ganz eindeutig. Schreiben, Lesen, Rechnen, das Auswendiglernen starrer Fakten, die Fixierung auf die einzig richtige Antwort, nämlich die des Lehrers, das Disziplinieren und Einteilen in die Zwangsjacken der Benotungen mit zwei Stellen hinter dem Komma: Das alles treibt Kindern ihre natürlich angeborene Neugier und Phantasie im Laufe der Jahre aus. Und dann sind sie fit für den Wettlauf zum Schulabschluß, bei dem nur die besten Noten zählen und Originalität eher hinderlich ist. In der

Berufsausbildung geht es dann genauso weiter. Für viele Ausbilder ist es bequemer, alle als Nägel zu betrachten, wie A. Maslow zutreffend feststellt, als sich mit der Einzigartigkeit des einzelnen auseinanderzusetzen. Irgendwann stehen die jungen Menschen im Beruf und im privaten Bereich vor Problemen, die mit Logik und Analyse oder iterativen Lösungsstrategien allein nicht mehr zu bewältigen sind.

Abbildung 14: »Wenn Ihr einziges Instrument ein Hammer ist, ist es nicht erstaunlich, wie viele Dinge beginnen, wie ein Nagel auszusehen?« (Abraham Maslow)

Vera F. Birkenbihl hat auf dieses traurige Kapitel unserer Gesellschaft in ihrem Buch »Stichwort Schule« mit dem Untertitel »Trotz Schule lernen!« hingewiesen und zeigt Wege zu gehirngerechtem Lernen auf.

Wir haben uns durch die großen technischen Errungenschaften der letzten Jahrhunderte so weit entwickelt, daß heute fast alles machbar erscheint –, und wir stehen gleichzeitig vor einem Abgrund. Hoimar von Ditfurth beginnt sein Buch »So laßt uns denn ein Apfelbäumchen pflanzen... Es ist soweit« mit folgenden Sätzen: »Es steht nicht gut um uns. Die Hoffnung, daß wir noch einmal, und sei es um Haaresbreite, davonkommen könnten, muß als kühn bezeichnet werden. Wer sich die Mühe macht, die überall schon erkennbaren Symptome der beginnenden

Abbildung 15: Der Balance-Akt

Katastrophe zur Kenntnis zu nehmen, kann sich des Eindrucks nicht verschließen, daß die Chancen unseres Geschlechts, die nächsten beiden Generationen zu überstehen, verzweifelt klein sind.«

Was hat das mit *Hirn-Dominanz* zu tun? Wir müssen versuchen, von der einseitigen Bevorzugung linkshemisphärischer Funktionen wegzukommen, und anerkennen, daß wir zu größeren Dingen fähig sind. Kreativität und Bewußtseinserweiterung sind das Zusammenspiel von linker und rechter Hemisphäre. Dazu gehört die Analyse und logisch-rationale Erfassung der Welt um uns herum, aber auch der Einsatz von Intuition und Gefühl, von Spiel und Phantasie, von Träumen und kühnen Ideen. Dieses kommt größtenteils aus der rechten Hemisphäre und wird häufig unterdrückt oder skeptisch betrachtet. Angesichts immer größerer Probleme kann es sich unsere Gesellschaft nicht leisten, auf dieses Potential zu verzichten.

Der erste Schritt auf diesem Weg ist die Selbsterkenntnis. Das »Hirn-Dominanz-Instrument« von Ned Herrmann hilft, den ersten Schritt zu erleichtern.

KAPITEL 3:
Das Hirn-Dominanz-Modell von Ned Herrmann

3.1 Historische und methodische Hintergründe

Ned Herrmann, der das »Herrmann Brain Dominance Model« entwickelte, hat an der Cornell University Physik studiert. Er arbeitete 35 Jahre lang für General Electric, bevor er 1982 seine eigene Firma gründete. Neben seiner beruflichen Karriere hat er eindrucksvolle Erfolge als Musiker, Maler und Bildhauer aufzuweisen. Die Ideen zu seinem *Dominanz-Modell* entstanden im wesentlichen während der 12 Jahre, in denen er das Führungskräfte-Training von General Electric, USA, leitete. Er begann 1976 mit der Entwicklung des Modells und hat bis heute daran gearbeitet.

Die Umsetzung des Modells von Herrmann in die Praxis erfolgt mit dem *»Hirn-Dominanz-Instrument« (HDI),* das heute in seiner 18. Version existiert. Es wurde bisher über 500 000 mal angewandt und eingehenden Validierungsstudien unterzogen. Diese wurden größtenteils an der Universität von Texas in Arlington durchgeführt; es ist eine ganze Anzahl weiterer vergleichender Studien bekannt geworden, so z. B. vom Defense Systems Management College in Fort Belvoir, VA. (USA), wo das HDI mit dem Kolb Learning Style Inventory und dem Meyers-Briggs Type Indicator verglichen wurde. In Deutschland erschien Anfang 1987 ein Buch von Wolfgang Fink in der Schriftenreihe zur empirischen Entscheidungsforschung: »Kognitive Stile, Informationsverhalten und Effizienz in komplexen betrieblichen Beurteilungsprozessen. Theoretische Ansätze und ihre empirische Prüfung«. Diese Dissertation ist an der Universität Kiel entstanden und widmet dem HDI breiten Raum.

Das HDI von Ned Herrmann wird heute in vielen Bereichen angewandt: Personalauswahl, Team-Zusammensetzung, Entwicklung von Lernmodulen, Kreativitäts-Training, persönliche Beratung, z. B. Berufsberatung und Eheberatung sowie Selbsterkenntnis und Selbststeuerung. Herrmann bezeichnet sein *Modell* als »eine methaphorische Interpretation unseres Denkens und unserer bevorzugten Art des Wissens«. Es schließt die Forschungsergebnisse von MacLean und Sperry ein. Das Modell enthält *vier getrennte Denk- und Verhaltensstile,* die sich

Herrmann
Brain
Dominance
Instrument

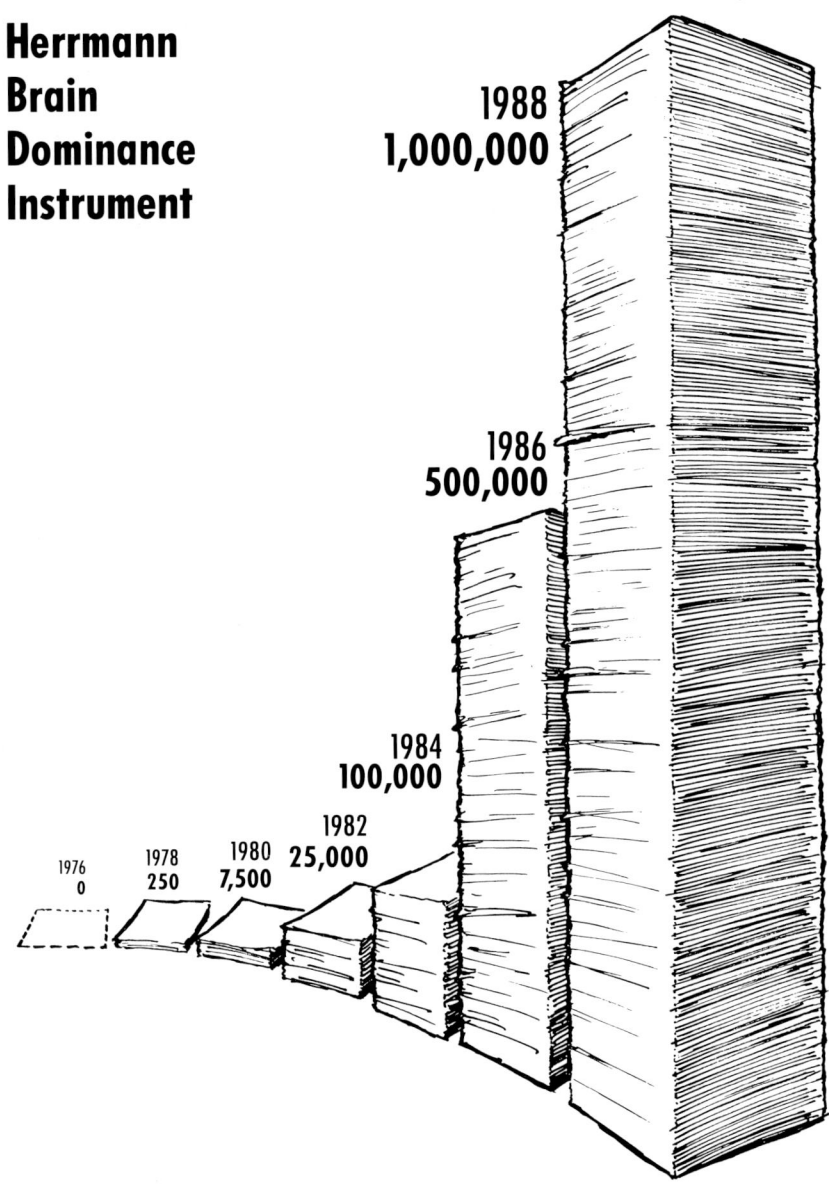

1988
1,000,000

1986
500,000

1984
100,000

1982
25,000

1980
7,500

1978
250

1976
0

Abbildung 16: Die Entwicklung des »Herrmann Brain Dominance Instrument«

aus der linken und rechten Hemisphäre sowie dem oberen (cerebralen) und mittleren (limbischen) Teil des Gehirns ergeben. Danach können die unterschiedlichen Stile folgendermaßen benannt werden: Cerebral links (= CL), limbisch links (= LL), limbisch rechts (= LR) und cerebral rechts (= CR). Jedem dieser Quadranten werden einige Schlüsselworte zugewiesen, die ihn am treffendsten charakterisieren.

Die Hemisphären des Gehirns

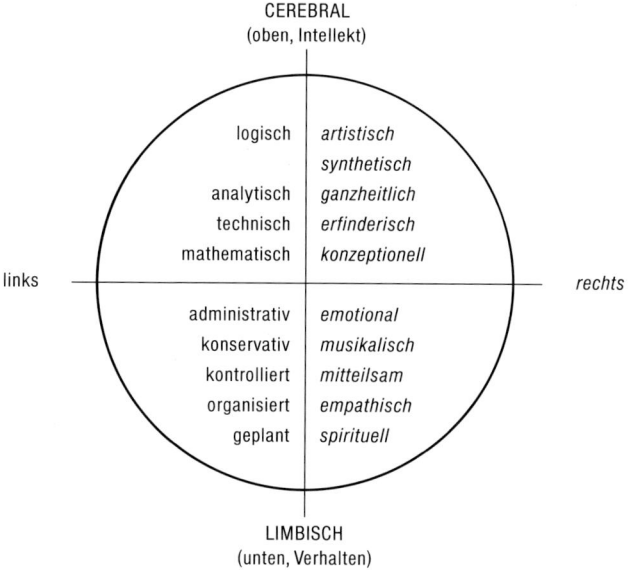

Abbildung 17: Das Modell des HDI

Der *Fragebogen* zum HDI liefert die Informationen, die zur Auswertung benötigt werden. Man kann den Fragebogen nicht selbst auswerten; es gehört Kenntnis und Erfahrung dazu, die der Ungeübte nicht so ohne weiteres mitbringt. Ned Herrmann hat eine Reihe Lizenznehmer ausgebildet, geprüft und sie authorisiert, das Instrument anzuwenden. Er steht mit seinen Lizenznehmern regelmäßig in Kontakt und sorgt dafür, daß sie mit den neuesten Unterlagen arbeiten. Durch diese Zusammenarbeit fließen auch die Ergebnisse aus statistischen Untersuchungen zentral zusammen und stehen damit allen Beteiligten zur Verfügung.

Der Fragebogen enthält neben den Angaben zur Person Fragen zur Ausbildung, zur Art des ausgeübten Berufs, zu Hobbies, zur Links-/ Rechtshändigkeit, Schreibhaltung, zu bevorzugten Schulfächern und zur Anfälligkeit für Reisekrankheit. Daneben nimmt man eine Selbsteinschätzung zur eigenen Arbeit und zu Beschreibungen von persönlichen Wesensmerkmalen vor. Auf einer Skala zwischen extrem extravertiert und extrem introvertiert ordnet man sich selbst ein und beantwortet noch 20 Meinungsfragen nach dem Muster: »Ich habe oft meine besten Ideen, wenn ich gerade nichts Besonderes tue« (Stimme zu, stimme nicht zu oder dazwischen). Zum Ausfüllen braucht man etwa zwanzig Minuten.

Die Auswertung des Fragebogens ergibt ein *Profil,* das anzeigt, in welchem Maß man die Denkstile der vier Quadranten bevorzugt. Die Antworten werden sowohl numerisch aufgelistet als auch grafisch dargestellt.

3.2 Auswertung der Dominanz-Profile

Zunächst sollen noch einige typische Fragen angesprochen werden. Wie gut kann man sich selber einschätzen? Wie weit sind die Antworten vom Wunschdenken diktiert? Die Erfahrung zeigt, daß diese Gefahr gering ist. Wir sind sehr wohl in der Lage, uns selber einzuschätzen. Die Fragen enthalten auch keine Wertung: Ob man besser mit finanziellen Aspekten als mit technischen Aspekten seiner Arbeit zurechtkommt, kann man wohl ganz gut beurteilen. Eine mehr philosophische Antwort auf die Frage: Bin ich das wirklich, kann ich objektiv sein? könnte die Gegenfrage nach der Natur von Wirklichkeit und Objektivität sein. »Wie wirklich ist die Wirklichkeit?« So hat Paul Watzlawick sein sehr lesenswertes Buch zu diesem Thema genannt. Es gibt die »wirkliche, objektive« Person gar nicht, sondern nur ein Abbild in einem jeweils anderen Gehirn.

HERRMANN DOMINANZ INSTRUMENT
ROLAND SPINOLA

Dominanz-Profil für: _____ Profiltyp: _____

logisch

analytisch
technisch
mathematisch

konzeptionell
erfinderisch
ganzheitlich
synthetisch
artistisch

Cerebral (Intellekt)

links   rechts

administrativ
konservativ
kontrolliert
organisiert
geplant

emotional
musikalisch
mitteilsam
empathisch
spirituell

Limbisch (Verhalten)

Abbildung 18: Muster eines Dominanz-Profils

Das Bild, das andere, etwa Ehepartner, Kinder, Mitarbeiter oder Chef von mir haben, deckt sich nie ganz mit dem eigenen Selbstbild. Die Überlappung ist in der Praxis jedoch groß genug, um sich darüber verständigen zu können. Den Autoren ist kein Fall bekannt, in dem das Ergebnis einer Auswertung für diejenigen eine Überraschung war, die den Ausfüllenden kannten. Wir bitten oft Teilnehmer in unseren Seminaren, ihr Profil zu zeichnen, nachdem sie verschiedene Profil-Typen gesehen haben und bevor sie selber das Ergebnis ihrer Auswertung erhalten. Diese vermuteten Profile unterscheiden sich kaum von denjenigen, welche sich aus der Auswertung der Fragen ergeben.

Eine andere Frage im Rahmen der Auswertung von Profilen lautet: »Ist das nun gut oder schlecht?«. Sie läßt sich nur beantworten, wenn man den Maßstab des Betreffenden für »Gut« und »Schlecht« kennt. *Ein Dominanz-Profil*, d. h. eine *bevorzugte Art, zu denken und zu handeln,* ist an sich zunächst wertfrei. Erst eine von außen vorgegebene Norm, eine berufliche Anforderung oder ein eigenes Idealbild ergeben den notwendigen Referenzrahmen, um von gut und schlecht – oder besser: von geeignet oder nicht geeignet – zu sprechen. Daraus ergibt sich der interessante Aspekt des Dominanz-Instruments: Aus dem Vergleich mit einer Aufgabe, einer Zielvorstellung, mit anderen Menschen oder Kulturen entstehen Fragestellungen nach dem, was jetzt zu tun ist – falls etwas zu tun ist. Das Ergebnis einer Betrachtung des eigenen Profils kann nämlich die befriedigende Feststellung sein, daß man genau *so* ist und beschließt, daran nichts zu ändern. So läßt es sich genießen oder nutzen, seine Stärken besser einzusetzen, Tätigkeiten zu suchen, die einem Erfüllung bringen, und Dinge zu vermeiden, von denen man weiß, daß sie einem eher unbehaglich sind.

Wir haben viele Menschen getroffen, die ihr Dominanz-Profil als geradezu beglückende Bestätigung ihres »So-Seins« empfunden haben. Sie haben es benutzt, um ihrer Umwelt mitzuteilen, wozu sie sich hingezogen fühlen und mit welchen Aufgaben man sie besser nicht betraut, z. B. im Beruf oder in einer Arbeitsgruppe bei speziellen Aufgaben. Es ist nicht sinnvoll, einen Menschen mit geringer Ausprägung in der linken Hemisphäre, insbesondere im cerebralen Bereich, mit der Analyse einer schwer zu durchschauenden Situation zu betrauen, etwa einer Bilanzanalyse.

Genausowenig erfolgversprechend wird es sein, einen analytisch denkenden und kontrolliert vorgehenden Menschen mit dem Entwurf eines neuen Konzeptes zu beauftragen, besonders wenn er dazu bekanntes Terrain verlassen und auch mal aushalten können muß, daß paradoxe Situationen entstehen.

Aber das darf man nicht mit einem Werturteil verwechseln!

3.3 Dominanz-Profile und Persönlichkeits-Entwicklung

Der bevorzugte Denkstil einerseits und die Fähigkeiten bzw. das Wissen andererseits müssen keineswegs identisch sein. Jemand, der z. B. einen geringen Wert im linken oberen Quadranten hat, ist deswegen nicht dumm im linkshemisphärischen Sinne. Er kann durchaus logisch und rational denken – aber es gehört nicht zu seinem bevorzugten Stil. Kompetenz und Präferenz sind nicht das gleiche, auch wenn sie sich gegenseitig beeinflussen. *Kompetenz* erwirbt man durch Training, durch Lernen und Erfahrung; *Präferenz* ist angeboren oder erwählt, vielleicht anerzogen.

Eine andere, häufig gestellte Frage lautet: »Können wir uns ändern? Sind wir sozusagen einbetoniert in ein Profil und auf immer darauf festgelegt?« Die direkte Antwort ist »Nein«. Es kommt sehr auf das Alter, die Lebensumstände, den Druck von außen und von innen an. Unser Profil ist stark durch Erziehung geprägt. Hier wäre zu diskutieren, inwieweit Vererbung eine Rolle spielt. Wir haben einige Fälle gesehen, in denen eine ähnliche Umgebung und Erziehung ganz andere Profile hervorbrachte. Wir können uns unsere Umgebung und unsere Aufgaben nicht immer aussuchen, aber wir können uns ändern, wenn wir das wollen. Damit wird sich auch unser Profil ändern. Einige solcher Änderungen haben wir im Laufe der Jahre gesehen. Dazu muß man an sich arbeiten, ein Ziel haben und die richtigen Wege suchen, um dieses Ziel auch zu erreichen.

Jeder, der einen Fragebogen zur Auswertung eingeschickt hat, erhält eine Aufstellung mit allgemein gehaltenen Empfehlungen über das, was er tun kann, um von rechts nach links oder von links nach rechts zu kommen. Dabei wird eine stärkere Hinwendung zu Funktionen der rechten Hemisphäre oft wie eine Befreiung empfunden. Sie gleicht dem Öffnen oder Eindringen in unbekanntes Terrain mit allen dazugehörigen Be-

Abbildung 19: Wie wir uns ändern können

fürchtungen. Die Bewegung von rechts nach links gleicht einem Anstieg auf einen steilen Berg: mühsame Arbeit am Detail, Gewissenhaftigkeit, die am Ende vielleicht mit einem großartigen Rundblick belohnt wird.

Lehren und lernen
mit dem ganzen Gehirn

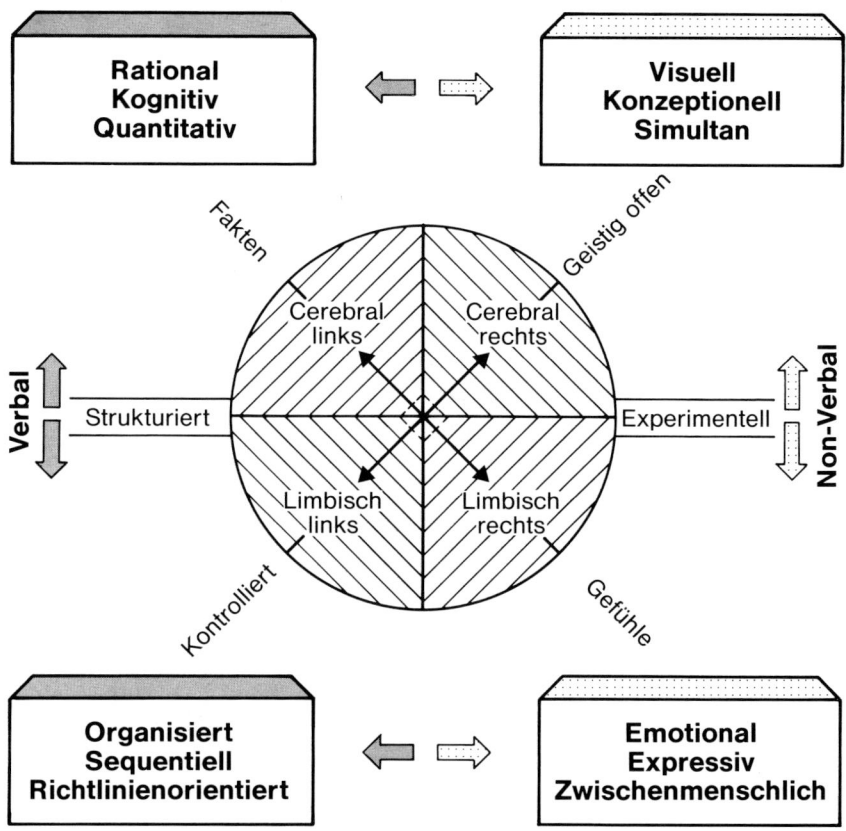

Abbildung 20: Unterschiedliche Profile erfordern unterschiedliche Lernerfahrungen

Um kreativ zu sein,
brauchen wir unser ganzes Gehirn!

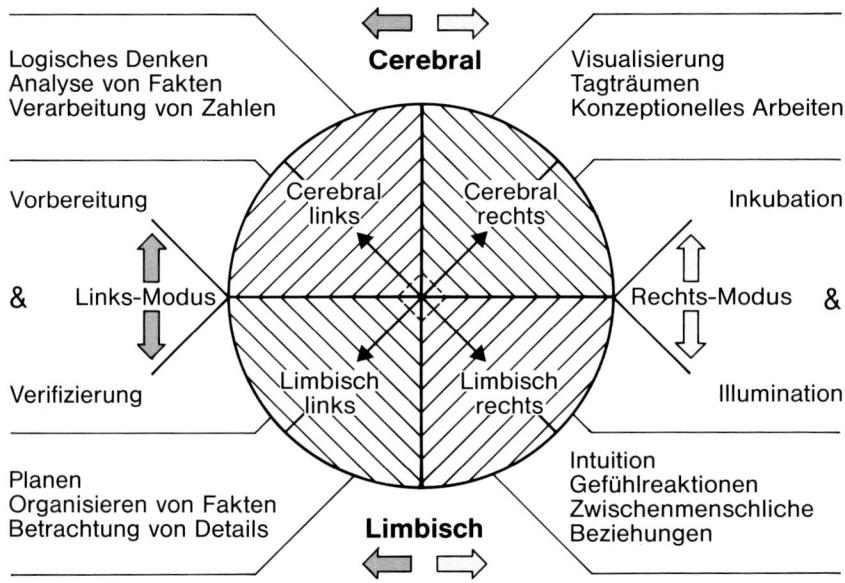

Logisches Denken
Analyse von Fakten
Verarbeitung von Zahlen

Cerebral

Visualisierung
Tagträumen
Konzeptionelles Arbeiten

Vorbereitung

Cerebral
links

Cerebral
rechts

Inkubation

&   Links-Modus

Rechts-Modus   &

Verifizierung

Limbisch
links

Limbisch
rechts

Illumination

Planen
Organisieren von Fakten
Betrachtung von Details

Limbisch

Intuition
Gefühlreaktionen
Zwischenmenschliche
Beziehungen

Abbildung 21: Um kreativ zu sein, brauchen wir unser ganzes Gehirn

Was motiviert uns eigentlich, etwas zu ändern?
Wir müssen mit der jetzigen Situation unzufrieden sein. Wer sich fit und schlank fühlt, wird keine Diät halten wollen.

Wir müssen eine Vision der zukünftigen Situation haben. Wie sähe derjenige aus, wenn er schlank wäre, was würde ihm wieder passen?

Die ersten Schritte und Teilziele müssen uns machbar erscheinen. Dies ist das wichtigste Kriterium. Für unser Beispiel heißt das: Nulldiät? 10 Kilo in einer Woche? Daran muß man glauben, bevor man's macht!

Viele Trainingsmaßnahmen, die eine Verhaltensänderung einleiten sollen, scheitern vielleicht daran, daß nicht alle Parameter beachtet werden!

Das *Dominanz-Profil* hilft, die richtigen Lernerfahrungen auszusuchen, mit denen wir eine Änderung herbeiführen können. Linksdominante Menschen brauchen andere Anregungen, um sich mehr nach rechts zu öffnen, als Rechtsdominante, die vielleicht Fähigkeiten der linken Hemisphäre trainieren wollen.

Ein internationaler Konzern arbeitet zur Zeit mit Ned Herrmann an einem Projekt, bei dem einzelne Module eines Trainingsprogramms auf Menschen mit unterschiedlichen Dominanz-Profilen zugeschnitten werden. Ausgangspunkt können dabei Lernziele sein, die für alle Teilnehmer gleich sind. Beispiel: Am Ende des Lehrgangs ist der Teilnehmer in der Lage, eine NC-Maschine zu programmieren. Unterschiedlich sind nur die Wege, die den einzelnen zu diesen Zielen hinführen. Auf diese Unterschiedlichkeit wurde bisher viel zu wenig Rücksicht genommen. Es gab meist nur einen Weg, der sich aus dem Profil von Kursentwickler und Trainer ableitet!

Kreativität ist immer der Einsatz aller Möglichkeiten. Um ein Problem kreativ zu lösen, brauchen wir sowohl logisches Denken und das Analysieren von Fakten als auch konzeptionelles Arbeiten, Visionen und kühne Entwürfe. Aus dem limbischen Bereich müssen wir das planerische und organisatorische Arbeiten genauso hinnehmen wie das Beachten von Gefühlen und den behutsamen Umgang mit anderen Menschen. Weil diese Fähigkeiten kaum in einem Menschen gleich stark ausgeprägt sind, ist es wichtig, Menschen mit unterschiedlichen Dominanz-Profilen für Projektgruppen auszuwählen. Hier wird bereits ein wichtiges Anwendungsgebiet des HDI erkennbar, auf das im zweiten Teil des Buches noch näher eingegangen wird.

3.4 Typische Dominanz-Profile in der Praxis

Im folgenden seien einige prägnante Profile aus der Praxis vorgestellt, um konkret zu verdeutlichen, was das Profil aussagt. In der rechten oberen Ecke der Beispiele finden Sie den Profiltyp angegeben; vier Ziffern, die zwischen 1 und 3 liegen können. Dies bedeutet: Bei der Auswertung werden je nach Art der Antwort einem oder mehreren Quadranten Punkte zugeordnet, wobei teilweise noch gewichtet wird. So entsteht eine Gesamtsumme je Quadrant, die auf der entsprechenden Achse abgetragen wird und den Eckpunkt des Profils markiert. Zur besseren Klassifizierung wird die Gesamtsumme folgendermaßen aufgeteilt:

Ein Wert zwischen 0 und 33 bedeutet eine »3«
Ein Wert zwischen 34 und 66 bedeutet eine »2«
Ein Wert von 67 und darüber bedeutet eine »1«

Damit ergibt sich der Profiltyp, indem man die vier Ziffern im Gegenuhrzeigersinn notiert, beginnend bei links oben. Die Form des Vierecks ist beim Profil das Charakteristische; die vier Werte des Profiltyps geben die Intensität an. Eine »1« zeigt eine *bevorzugte* Denk- und Verhaltensweise an, eine »2« gibt den Bereich an, den man *nutzen* kann und eine »3« den Bereich, den man eher *vermeidet*.

Das häufigste Männer-Profil

Das erste Beispiel (Abbildung 22) zeigt ein Profil vom Typ »1-1-2-2«. Es ist das häufigste Profil aller bisher ausgewerteten Fragebogen: 21 % aller Männer haben dieses Profil, aber nur 8 % der Frauen. Die Auswertungen wurden in westlichen Industrieländern vorgenommen, d. h. USA und westliches Europa. Es scheint typisch für viele Menschen zu sein, die durch unsere Schul- und Berufserziehung gegangen sind. Man findet dieses Profil bei technischen Berufen, z. B. Ingenieuren, Mitarbeitern aus der Fertigung, Berufen im Finanz- und Rechnungswesen. Häufig weisen auch Führungskräfte der mittleren Ebene in der Industrie dieses Profil auf. Insgesamt handelt es sich um Positionen, in denen linkshemisphärische Funktionen sehr wesentlich sind, rechtshemisphärische dagegen vorhanden, aber nicht so ausgeprägt sein müssen.

Das häufigste Frauen-Profil

Das am häufigsten bei Frauen vorkommende Profil lautet: 2-1-1-1. (Abbildung 23). 24 % aller Frauen haben dieses Profil. Es ist wie das vorher beschriebene Profil ein multidominantes, in diesem Fall sogar dreifach und damit sehr gut ausbalanciert. Viele Mitarbeiter aus dem Personalbereich haben ein solches Profil. Außerdem findet man es häufig bei Menschen, die neben einer empathischen Einstellung zu anderen Menschen bei ihrer Arbeit auf Genauigkeit und Ordnung Wert legen müssen, z. B. Chefsekretärinnen, Sozialarbeiter oder Frauen mit leitenden Funktionen in einem Krankenhaus.

Das dritthäufigste Profil

Die beste Gleichverteilung zwischen Männern und Frauen finden wir beim dritten dargestellten Profil mit dem Typ 2-2-1-1 (Abbildung 24). 11 % aller Männer und 17 % aller Frauen haben dieses rechtsdominante Profil, es ist das dritthäufigste aller bisher ausgewerteten Fragebogen. Künstler wie Musiker, Maler, Schriftsteller haben oft ein solches Profil, auch Psychologen und Personalberater. Für Jungunternehmer trifft dieses Profil oft zu; es ist typisch für jemanden, der das Risiko nicht scheut.

HERRMANN DOMINANZ INSTRUMENT
ROLAND SPINOLA

Dominanz-Profil für: _____ Profiltyp: _____

logisch

analytisch
technisch
mathematisch

konzeptionell
erfinderisch
ganzheitlich
synthetisch
artistisch

Cerebral (Intellekt)

links

rechts

administrativ
konservativ
kontrolliert
organisiert
geplant

emotional
musikalisch
mitteilsam
empathisch
spirituell

Limbisch (Verhalten)

Abbildung 22: Profil vom Typ 1-1-2-2

HERRMANN DOMINANZ INSTRUMENT
ROLAND SPINOLA

Dominanz-Profil für: _____ Profiltyp: _____

logisch

analytisch
technisch
mathematisch

konzeptionell
erfinderisch
ganzheitlich
synthetisch
artistisch

Cerebral (Intellekt)

links

rechts

administrativ
konservativ
kontrolliert
organisiert
geplant

emotional
musikalisch
mitteilsam
empathisch
spirituell

Limbisch (Verhalten)

Abbildung 23: Profil vom Typ 2-1-1-1

HERRMANN DOMINANZ INSTRUMENT
ROLAND SPINOLA

Dominanz-Profil für: _____ Profiltyp: _____

logisch   *konzeptionell*
                                                           erfinderisch
analytisch   *ganzheitlich*
technisch   *synthetisch*
mathematisch   **Cerebral (Intellekt)**   *artistisch*

links   *rechts*

administrativ   **Limbisch (Verhalten)**   *emotional*
konservativ   *musikalisch*
kontrolliert   *mitteilsam*
organisiert   *empathisch*
geplant   *spirituell*

Abbildung 24: Profil vom Typ 2-2-1-1

Das »Ganzhirnmenschen«-Profil

Auch das kommt vor: Eine Gleichverteilung über alle vier Quadranten auf hohem Niveau, das Profil 1-1-1-1. (Abbildung 25). Solche Menschen sind in der Lage, situationsbedingt alle vier Denk- und Verhaltensstile einzusetzen. Das kann aber auch zu inneren Konflikten führen, vor allem, da ja keiner der Quadranten besonders ausgeprägt sein kann. Insgesamt variiert die Profilfläche aufgrund der Struktur des Fragebogens nur sehr gering: Wenn in einem oder zwei Quadranten eine besonders starke Ausprägung vorkommt, muß woanders etwas weniger vorhanden sein.

Das »Denker«-Profil

Ein ebenfalls sehr interessantes Profil ist 1-2-2-1, (Abbildung 26). Es ist typisch für leitende Männer der Wirtschaft, insbesondere, wenn sie größeren Hierarchien vorstehen. Offensichtlich sind die Fähigkeiten, über logisch rationales und konzeptionell strategisches Denken gleichzeitig verfügen zu können, in diesen Positionen besonders wichtig. Die beiden unteren Quadranten können eher »vernachlässigt« werden; für die Aufgaben der Kontrolle, Organisation, der Bewahrung von Struktur gibt es nachgeordnete Stellen, und in den oberen Etagen der Wirtschaft ist auch das empathische Eingehen auf andere Menschen nicht mehr von der überragenden Bedeutung, die es an anderen Stellen des Unternehmens hat.

Durchschnitts-Profile von Frauen und Männern

Im letzten Musterbeispiel (Abbildung 27) werden die durchschnittlichen Profile aller Männer und aller Frauen gezeigt, die sich aus der Auswertung mehrerer tausend Fragebogen ergeben haben. Berufe, Herkunft usw. sind hier bunt gemischt.

Warum diese Profile so und nicht anders aussehen, kann hier nicht endgültig beantwortet werden. Vielleicht zeigt sich hier das typische Rollenverständnis, das wir über das Verhalten von Männern und Frauen in unserer Gesellschaft haben. Es zeigt aber auch das Potential an rechtshemisphärischen Fähigkeiten von Frauen, auf das wir nicht verzichten sollten, wenn wir als Gesellschaft wachsen wollen. Und um dieses Potential zu erhalten, ist es notwendig, daß Frauen sich nicht der Denk- und Verhaltensweise der Männerwelt anpassen – das wird oft bei der Diskussion der Frauenfrage vergessen!

HERRMANN DOMINANZ INSTRUMENT
ROLAND SPINOLA

Dominanz-Profil für: _____ Profiltyp: _____

logisch   *konzeptionell*
                                     erfinderisch
analytisch   *ganzheitlich*
technisch   **Cerebral (Intellekt)**   *synthetisch*
mathematisch   *artistisch*

links   *rechts*

administrativ   **Limbisch (Verhalten)**   *emotional*
konservativ   *musikalisch*
kontrolliert   *mitteilsam*
organisiert   *empathisch*
geplant   *spirituell*

Abbildung 25: Profil vom Typ 1-1-1-1

HERRMANN DOMINANZ INSTRUMENT
ROLAND SPINOLA

Dominanz-Profil für: _____ Profiltyp: _____

logisch   *konzeptionell*
                                       erfinderisch
analytisch   *ganzheitlich*
technisch   **Cerebral (Intellekt)**   *synthetisch*
mathematisch   *artistisch*

links   *rechts*

administrativ   *emotional*
konservativ   **Limbisch (Verhalten)**   *musikalisch*
kontrolliert   *mitteilsam*
organisiert   *empathisch*
geplant   *spirituell*

Abbildung 26: Profil vom Typ 1-2-2-1

HERRMANN DOMINANZ INSTRUMENT
ROLAND SPINOLA

Dominanz-Profil für: _____ Profiltyp: _____

logisch   *konzeptionell*
                                             erfinderisch
analytisch   *ganzheitlich*
technisch   **Cerebral (Intellekt)**   *synthetisch*
mathematisch   *artistisch*

MÄNNER ━━·━━   ━━━ FRAUEN

links   *rechts*

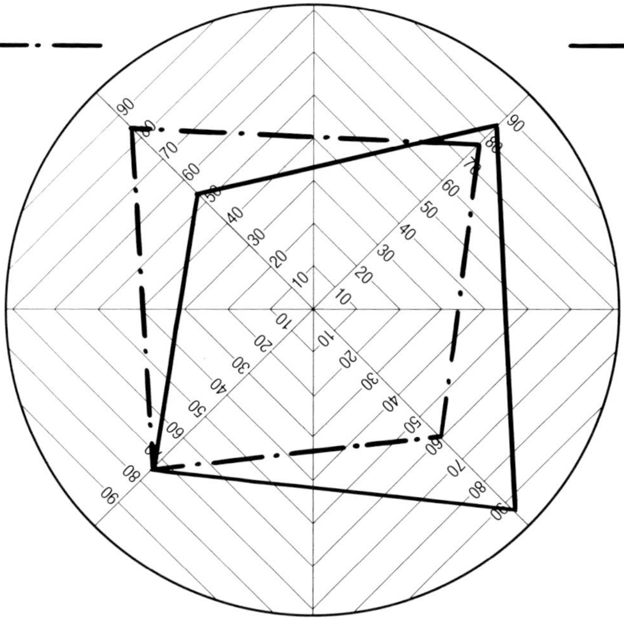

administrativ   **Limbisch (Verhalten)**   *emotional*
konservativ   *musikalisch*
kontrolliert   *mitteilsam*
organisiert   *empathisch*
geplant   *spirituell*

Abbildung 27: Durchschnitts-Profile von Frauen und Männern

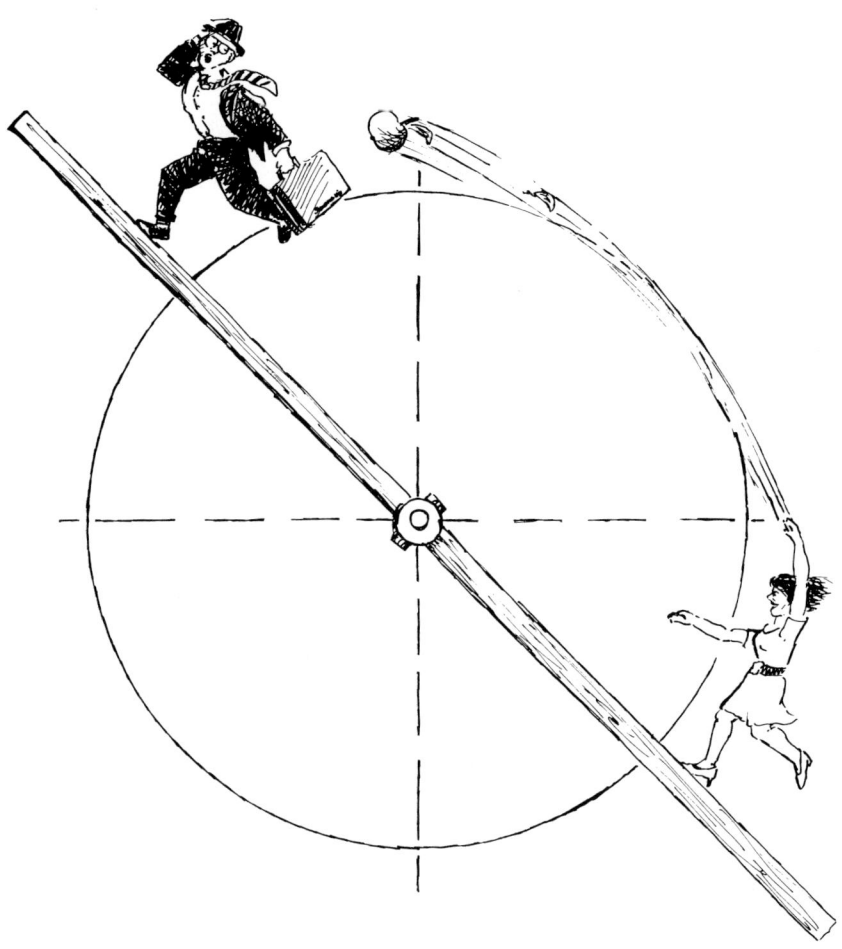

Abbildung 28: »Frauen und Männer sind von Anfang an verschieden; was gleich gemacht werden muß, ist der Wert, den wir diesen Unterschieden beimessen« (Karl Pribam).

KAPITEL 4:
Anwendungen

4.1 Profile, Tätigkeitsfeld und Leistung

Als sich vor etwa 20 Jahren die ersten Erkenntnisse über die unterschiedlichen Funktionen der linken und rechten Hirnhälfte ausbreiteten, wurde sehr schnell die Bedeutung dieser Entdeckungen für viele Disziplinen und Anwendungsbereiche erkannt. Wir wissen, daß der Übergang von der Muskelkraft zum Einsatz der Geisteskraft seit einem Jahrhundert charakteristisch ist für die Veränderungen des Anforderungs-Profils an die Werktätigen. So ist es auch kein Wunder, daß das *menschliche Gehirn* – als der Träger der geistigen Funktion – in diesen 20 Jahren zunehmendes Interesse bei vielen Menschen gefunden hat, vor allem bei Wissenschaftlern, Wissenschaftstheoretikern, Managern, Erziehungswissenschaftlern, Personalverantwortlichen, Trainern, Therapeuten.

Am Anfang der Entwicklung stand ganz offensichtlich der Erziehungsbereich im Vordergrund. Der schon erwähnte amerikanische Nobelpreisträger *Roger Sperry,* bekannt für seine Arbeiten zum Thema »Linke Hirnhälfte, rechte Hirnhälfte«, schrieb 1973: »Das große Thema, das vor uns auftauchen wird, ist, daß unser Erziehungs- und Ausbildungssystem, aber auch unsere Wissenschaft als Ganzes, die Tendenz haben, die nicht verbalen Formen des Intellekts zu vernachlässigen.«

Als *Ned Herrmann* mit der Entwicklung seines Hirn-Dominanz-Instruments begann, war er der Leiter des Führungskräftetrainings von General Electric. Er suchte damals nach einem Werkzeug, um auf einfache Weise Grundinformationen über Talente, Neigungen und sinnvolle berufliche Entwicklungslinien als Entscheidungshilfe zu bekommen. Als Physiker suchte er nach einem systematischen Instrument, als Künstler war er offener für das Menschenbezogene als seine damaligen Kollegen. Er entwickelte das HDI, um die Karriere- und Ausbildungsplanung eines Großunternehmens besser steuern zu können.

Neben dem Hirn-Dominanz-Instrument von Ned Herrmann hat es eine Reihe anderer Entwicklungen mit ähnlicher Zielsetzung und auf ähnlicher wissenschaftlicher Basis gegeben. Insgesamt hat sich jedoch das HDI offenbar als das bisher leistungsfähigste Instrument erwiesen.

Das inzwischen in vielen tausend wissenschaftlichen Veröffentlichungen niedergelegte Wissen über die Zusammenhänge zwischen Hirnfunktionen, Anlagen, Dispositionen einerseits und Kenntnissen, Fertigkeiten und Fähigkeiten andererseits sowie zu daraus abzuleitenden Trainingsmethoden etc. ist für die Arbeitsweise der Wirtschaft und auch für interessierte Einzelpersonen kaum anwendbar. Insofern war es notwendig, daß die Welle der neuen Erkenntnisse umgesetzt wurde in einfach zugängliche Meßinstrumente. Die Konzeption und die praktische Ermittlung von Hirn-Funktions-Profilen ist die Voraussetzung für den breiten Einsatz des neuen Wissens.

Das HDI, das am Anfang als Instrument zur Gestaltung innerbetrieblicher Ausbildung und Karriereplanung entstand, wurde bald von Erziehungsforschern, Anthropologen, Unternehmensberatern und anderen Fachrichtungen übernommen.

Wenn man heute über die Einsatzbereiche des HDI schreibt, ist es wohl am besten, die Hauptgebiete der Reihe nach zu behandeln. Die zahlreichen Verknüpfungen, die zwischen den Anwendungsbereichen im praktischen Einsatz auftreten, können im Rahmen dieses Buches nicht alle erwähnt werden.

Hirn-Dominanz und Arbeitsplatz

Schon im 3. Kapitel wurde erwähnt, daß spezielle Profiltypen für spezielle Arten von Arbeit typisch sind. So gibt es typische Ingenieur-Profile, Buchhalter-Profile, Künstler-Profile, Sozialarbeiter-Profile etc. Wer im Umgang mit HDI-Profilen erfahren ist, kann oft auf einen einzigen Blick erkennen, welche Probleme bzw. Vorteile die zugehörige Person in einer definierten Arbeitsumgebung haben würde bzw. hat. Dazu zwei Beispiele:

HDI und drei-dimensionale Koordination

Betrachten wir einen Maschinenbauingenieur, der durchaus typisch für diese Studienrichtung im rechten oberen Quadranten des HDI einen Wert von 58 hat. Wenn wir diesen Ingenieur auf einen Arbeitsplatz setzen wollen, an dem er mit Graphik-Software dreidimensionale komplexe Entwurfsprobleme zu bearbeiten hätte, sollten wir Bedenken haben. Die

HERRMANN DOMINANZ INSTRUMENT
ROLAND SPINOLA

Dominanz-Profil für: _____ Profiltyp: _____

logisch   konzeptionell
                                                            erfinderisch
analytisch   ganzheitlich
technisch   **Cerebral (Intellekt)**   synthetisch
mathematisch   artistisch

links   rechts

administrativ   **Limbisch (Verhalten)**   emotional
konservativ   musikalisch
kontrolliert   mitteilsam
organisiert   empathisch
geplant   spirituell

Abbildung 29: Profil eines Maschinenbau-Ingenieurs

von dem Kandidaten gezeigte dreidimensionale visuelle Koordination von Einzelaufgaben, die sich im HDI im rechten oberen Quadranten darstellt, könnte der komplexen Gesamtanforderung bei einem Wert CR = 58 nicht genügen. Hier wäre sicherlich ein Wert von 85 günstiger.

Im zweiten Beispiel betrachten wir wiederum denselben Ingenieur, der berufstypisch rechts unten einen Wert LR = 42 zeigt. Soll man nun diesen Ingenieur, nach erfolgreicher Mitarbeit in einem Entwicklungsprojekt, mit der Erstellung der Anwender-Handbücher beschäftigen? Das HDI würde in diesem Fall deutlich abraten, da rechts unten für die Erstellung eines lesergerechten Handbuchs mehr Einfühlungsvermögen in den Anwender zu wünschen wäre.

Einsatz von HDI-SOLL-Profilen

Beispiele der vorstehenden Art ließen sich beliebig fortsetzen. Wovon man dabei Gebrauch macht: Zwischen beruflicher Tätigkeit, Erfolg und subjektivem Wohlfühlen bei dieser Tätigkeit sowie Hirn-Dominanz-Profilen besteht eine starke Korrelation. Insofern gibt es zu bestimmten Tätigkeiten typische Profile bzw. in den Profilen typische Teilaspekte, die von Bedeutung sind. Man könnte hier einen Schritt weiter gehen und nach dem bekannten Schema der Anforderungs-Profile sogenannte SOLL-HDI-Profile erstellen und diese dann mit den Kandidaten-Profilen vergleichen. In manchen Berufsbereichen bzw. Tätigkeitsbereichen fährt man mit diesem Verfahren gut. Dies gilt z. B. für Betriebsingenieure in der Fertigungsindustrie und für Mitarbeiter mit ausgesprochenen Verwaltungsaufgaben. Man würde jedoch die Leistungsfähigkeit des HDI einschränken, wenn man nur nach diesem Verfahren vorginge.

Profil-Differenzierung innerhalb eines Berufs

Wir werden noch Profile vergleichen, wie sie für Physiker in verschiedenen typischen Einsatzbereichen auftreten. Es ist z. B. durchaus üblich, daß Personen mit recht unterschiedlichen Profilen sich zum Studium der Physik entscheiden und auch das Studium beenden. Während des Studiums dürfte sich das Profil deutlich verändert haben, jedoch wiederum je nach Art des Studierens und weiterer Einflüsse in keineswegs einheitlicher Weise. Die Erfahrung zeigt, daß sich die im Beispiel gewählten

Physiker mit sehr unterschiedlichen Profilen stark unterschiedliche Arbeitsplätze und Tätigkeiten auswählen. Hätten wir diesen Physikern zum Zeitpunkt ihres Abiturs aufgrund ihrer Profile zu Berufen geraten, hätten wir vielleicht in keinem Fall an einen Physiker gedacht. Nachdem die fertigen Physiker mit ihren Profilen nun vor uns stehen, fällt es uns aber recht leicht, aufgrund der Profile die geeigneten bzw. im Beruf ausgeübten Tätigkeitsbereiche zu erkennen.

Berufsbilder und Tätigkeitsbilder

Hinter diesen letzten beiden Beispielen steht die Diskrepanz zwischen den erwarteten Charakteristika des gelernten/studierten Berufs und den Merkmalen der tatsächlich ausgeübten Tätigkeit. Lehre, Studium und auch Berufserfahrung erzeugen spezifisches Können, Fertigkeiten und Wissen. Das Anwendungsfeld in der Arbeitswelt wird zwar auch durch das Gelernte bestimmt, viel mehr aber durch die bevorzugten Denkstile und Verhaltensweisen, wie sie sich im HDI ausdrücken. Das HDI macht keinerlei Aussagen über die Höhe des Wissens und Könnens in einem speziellen Fachbereich, sondern nur Aussagen über bevorzugte Denk- und Verhaltensformen.

Als Grundregel gilt: Dominanz-Profile beschreiben zunächst reine Tätigkeitsbilder. Stimmen Beruf und Tätigkeitsbild überein, lassen sich recht gut Anforderungs-Profile in Form von Hirn-Dominanz-Profilen darstellen. Führt der Beruf dagegen auf zahlreiche unterschiedliche Tätigkeitsbilder, so ist jedem dieser Tätigkeitsbilder sein eigenes Anforderungs-Profil im Sinne eines HDI-Profils zuzuordnen.

Ned Herrmann hat in diesem Bereich mit den ihm zufließenden Daten umfangreiche Vorarbeiten geleistet.

Begabung und Leistung aus der Sicht des HDI

Betrachten wir als Beispiel das Profil #1 aus Abbildung 30. Dieses Profil ist u. a. typisch für Sozialarbeiter, es könnte aber z. B. auch zu einer Orchestermusikerin gehören. Der Wert links oben im cerebral-intellektuellen Quadranten ist mit CL = 30 im Bereich der Vermeidung. Wir könnten nun annehmen, daß diese Person »mathematisch dumm«, »untechnisch«, »zu intellektuell-logischem Denken unfähig« sei. Diese

Annahme kann richtig, sie kann ebenso auch falsch sein. Es ist durchaus möglich, daß die Person mit dem Profil 1 alle intellektuellen Qualitäten hat, die z. B. zum Studium der Mathematik oder Informatik notwendig wären. In diesem Fall sagt das Profil nur aus: Da die Präferenz bei dem Wert CL = 30 im Bereich der Vermeidung liegt, würde die Person ein Mathematikstudium als Tortur bzw. als überaus langweilig empfinden. Dies bedeutet nicht, daß sie etwa im Rahmen einer Unterhaltung nicht für kurze Zeit ein volles intellektuelles Repertoire des logischen Denkens verfügbar haben könnte.

Wir möchten noch einmal auf das Experiment von Dabbs zurückkommen, der die Hirn-Durchblutung bei der Lösung unterschiedlicher Aufgaben mittels Infrarotaufnahmen nachwies. Diese Experimente bestätigen die Erfahrung, daß Kopftraining geistige Fähigkeiten aufbaut und fördert. In diesem Zusammenhang läßt sich eine zweite Regel aufstellen: Denkstile mit geringer Hirn-Dominanz, insbesondere im Bereich der Vermeidung, werden von Personen selten oder wenig genutzt. Somit entfällt ein auch physiologisch darstellbarer Trainingsprozeß. Potentiell vorhandene Begabungen und Anlagen werden auf diese Weise nicht ausgelebt, trainiert und ausgebaut. Insofern weist das Dominanz-Profil bei geringen Werten im Vermeidungsbereich darauf hin, daß ein entsprechender Denkstil mit zugehörigen Begabungen, potentiellen Fähigkeiten und Fertigkeiten aufgebaut und belebt werden könnte, wenn der entsprechende Bereich im Profil mehr Aufmerksamkeit fände und der Profilwert durch geeignete Maßnahmen erhöht würde.

Niedrige Profilwerte, insbesondere im Vermeidungsbereich, weisen somit darauf hin, daß zugehörige Fähigkeitsbereiche nicht trainiert wurden, und lassen den indirekten Schluß zu, daß in diesem Bereich keine höher ausgeprägten Leistungen zu erwarten sind. Insofern wird bis zu einem gewissen Grad das HDI-Profil auch zu einer Aussage über die Leistungshöhe im Bereich eines Denkstils. Betrachtet man das HDI-Profil einer Person und stellt dazu die entsprechenden Fragen nach dem Lebenslauf und Ausbildungsverlauf, so werden diese Zusammenhänge schnell sichtbar.

HERRMANN DOMINANZ INSTRUMENT
ROLAND SPINOLA

Dominanz-Profil für: _____ Profiltyp: _____

logisch

analytisch
technisch
mathematisch

Cerebral (Intellekt)

konzeptionell
erfinderisch
ganzheitlich
synthetisch
artistisch

#4

#3

90
80
70

90
80
70

links

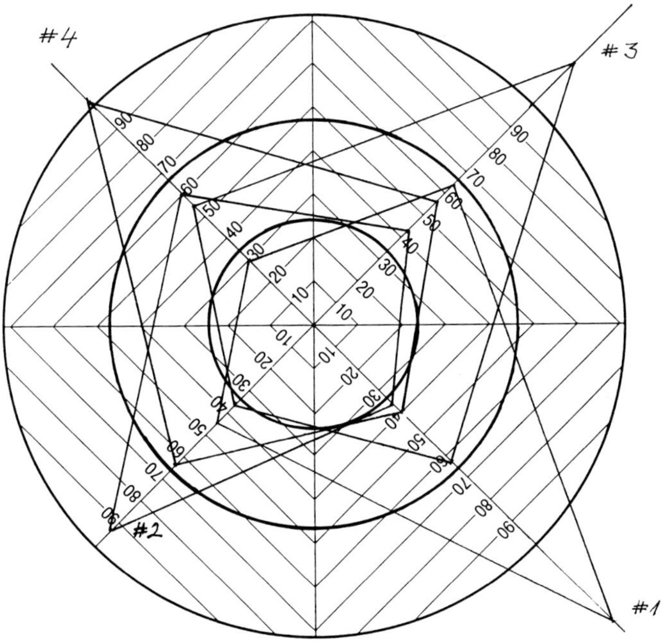

rechts

#2

#1

administrativ
konservativ
kontrolliert
organisiert
geplant

Limbisch (Verhalten)

emotional
musikalisch
mitteilsam
empathisch
spirituell

Abbildung 30: Profiltypen im Vergleich

HERRMANN DOMINANZ INSTRUMENT
ROLAND SPINOLA

Dominanz-Profil für: _____ Profiltyp: _____

logisch

analytisch
technisch
mathematisch

konzeptionell
erfinderisch
ganzheitlich
synthetisch
artistisch

Cerebral (Intellekt)

links

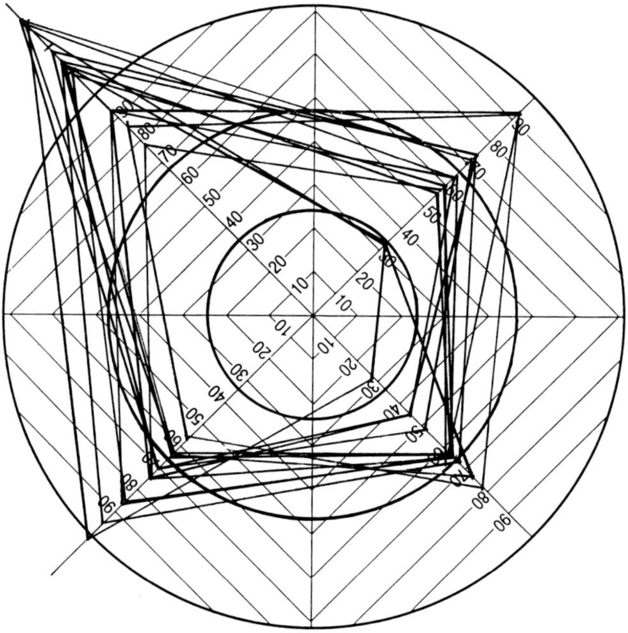

rechts

administrativ
konservativ
kontrolliert
organisiert
geplant

Limbisch (Verhalten)

emotional
musikalisch
mitteilsam
empathisch
spirituell

Abbildung 31: Gruppenprofil des Vorstands eines großen US-Unternehmens

4.2 Gruppen-Profile

Es hat sich gezeigt, daß HDI-Gruppen-Profile ebenfalls aussagekräftig sind. Gruppen-Profile entstehen, wenn die HDI-Profile der Mitglieder einer Gruppe übereinander gelegt werden. Abbildung 31 zeigt das Gruppen-Profil eines früheren Vorstandes einer großen amerikanischen Unternehmung. Man erkennt in diesem Gruppen-Profil die Tendenz zur Linkshälftigkeit. Es wird deutlich, daß die linkshälftigen Profile von typischen Ingenieuren, Juristen und Administratoren überwiegen. Es handelt sich hier tatsächlich um ein technisch-orientiertes Unternehmen, das in Deutschland am ehesten mit AEG oder Bosch verglichen werden könnte. Dieses Gruppen-Profil zeigt deutlich, daß sich hier viele im Denkstil relativ ähnliche Menschen zusammengefunden haben. Zur Darstellung des Profils einer Gesamtgruppe in Form eines aggregierten HDI-Profils werden die Mittelwerte berechnet und das *Mittelwert-Profil* erstellt. Dies ist in Abbildung 32 das mit *1 gekennzeichnete Profil.

Bei der Erstellung der Gruppen-Profile gibt es noch zwei weitere interessante Varianten. Wählt man auf jeder der vier Achsen den Maximalwert der Profile aus, so erhält man das *Maximal-Profil*. Entsprechend wird durch Auswahl der vier minimalen Werte das *Minimal-Profil* erstellt. Diese beiden Profile sind in Abbildung 32 mit *2 und *3 gekennzeichnet. Sie haben eine besondere Bedeutung. Ist die Kommunikation und Arbeitsteilung in der Gruppe erstklassig, können im Idealfall alle Beiträge aus den vier verschiedenen Profilrichtungen zur Gestaltung und Entscheidungsfindung herangezogen werden; die Gruppe mobilisiert die durch das Maximal-Profil dargestellten Leistungen. Findet dagegen keine Kommunikation statt, so steht der Gruppe nur das Minimal-Profil als effektives Profil zur Verfügung.

Ned Herrmann berichtet auf seinem einwöchigen Workshop mit detaillierten Zahlen über die Verhältnisse im Vorstand einer bekannten amerikanischen Fluglinie, kurz vor deren Konkurs. Das Maximal-Profil deckte über alle vier Quadranten eine große Fläche ab und schien damit zunächst einmal auf ideale Weise die wesentlichen Denkstile zu vereinigen. Kurze Gespräche mit den Vorstandsmitgliedern zeigten jedoch, daß die Kommunikation so gut wie nicht mehr vorhanden war. Das Fazit von Ned Herrmann, der vom Aufsichtsrat als Unternehmensberater in der Krisensituation berufen worden war: »Hier ist nichts mehr zu machen.«

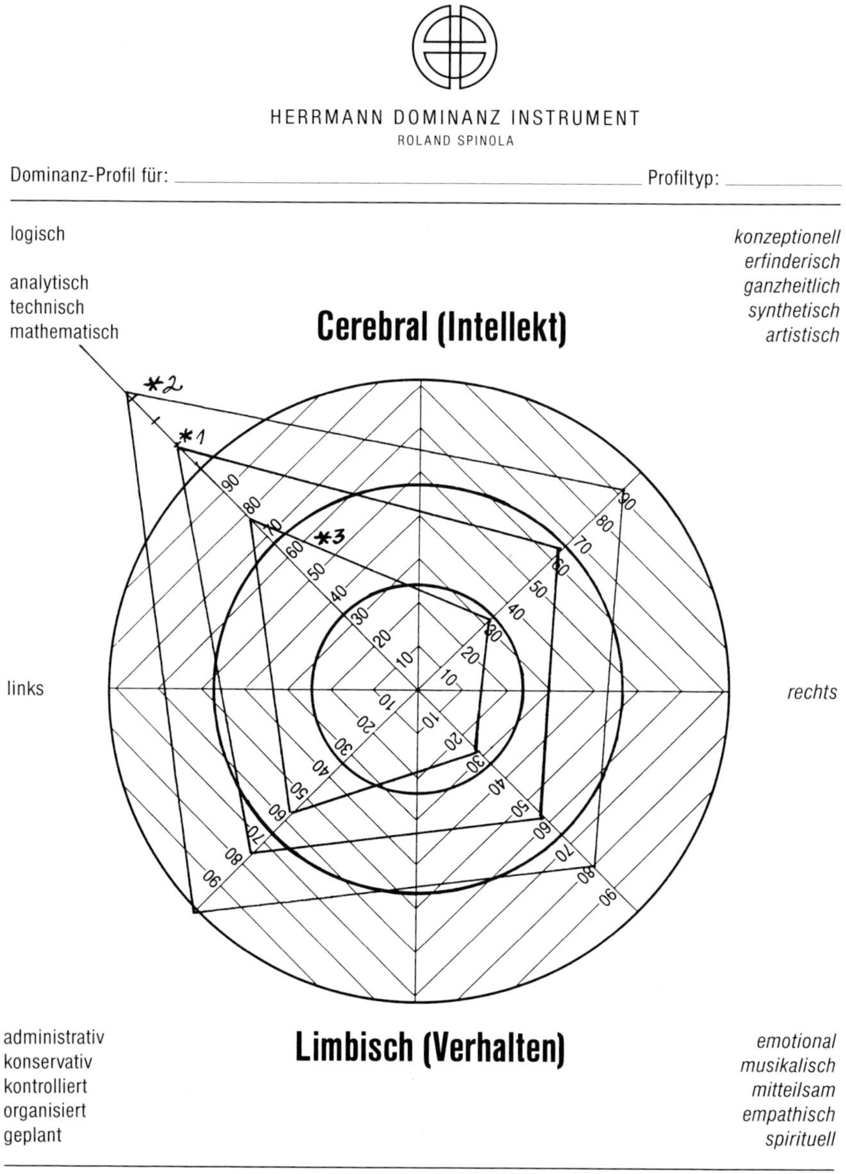

HERRMANN DOMINANZ INSTRUMENT
ROLAND SPINOLA

Dominanz-Profil für: _____ Profiltyp: _____

logisch

analytisch
technisch
mathematisch

konzeptionell
erfinderisch
ganzheitlich
synthetisch
artistisch

Cerebral (Intellekt)

links   rechts

*2
*1
*3

90 80 70 60 50 40 30 20 10
90 80 70 60 50 40 30 20 10

administrativ
konservativ
kontrolliert
organisiert
geplant

Limbisch (Verhalten)

emotional
musikalisch
mitteilsam
empathisch
spirituell

Abbildung 32: Minimal-, Maximal- und Mittelwert-Profile

Gruppen-Profile erlauben häufig sehr aussagekräftige Schnellanaly-sen. Bei dem Profil aus Abbildung 31 ist auf Anhieb erkennbar, daß es sich um eine Technikerfirma handelt. Das Gruppen-Profil erlaubt die Annahme, daß bei ordentlicher Kommunikation in diesem Unterneh-men technische Kompetenz und solide Finanzpolitik das Unternehmen bestimmen. Schwierigkeiten könnten aus der Sicht des Unternehmens-beraters in diesem Unternehmen dann auftreten, wenn z. B. technolo-gische Innovationsschübe schnelle Veränderungen auf dem Markt bewirken würden.

Für eine stärker innovative Orientierung wäre es in dem angegebenen Gruppen-Profil sicher nützlich, wenn zwei oder drei Personen rechts oben Werte über 100, vielleicht im Bereich von 110 bis 125, zeigen würden. Bei Unternehmen mit dem genannten Gruppen-Profil, unabhängig von der Firmengröße, ist zu befürchten, daß eher versucht wird, an vor-handenen Produktionslinien durch Modifikationen und Verbilligungen des Herstellungsverfahrens festzuhalten, auch wenn der Zyklus dieser Produktlinie eigentlich schon beendet ist.

In den USA werden die Verfahren der *Gruppen-Profil-Analyse* in der Anfangsphase von Unternehmensberatungen verwendet, da sie sehr schnell wichtige Zusammenhänge aufzeigen und den Weg in nähere Untersuchungen beschleunigen. Die Technik der Gruppen-Profile bildet die Basis für viele Anwendungen des Hirn-Dominanz-Konzepts.

4.3 Gruppen-Profile und Unternehmenskultur

Unternehmenskultur ist ebenfalls ein Gruppenphänomen und in vie-len Aspekten mit dem HDI visualisierbar. Wenn Menschen in Betrieben zusammenkommen und miteinander arbeiten, entwickeln sie Formen des Zusammenlebens, des Miteinander-Sprechens, des Informierens, des Konflikte-Austragens, die typisch für das Unternehmen bzw. eine organisatorische Einheit sind. Dabei entstehen Werte und Wertsysteme. Dies alles wird unter dem Begriff der Unternehmenskultur zusammen-gefaßt. Ein Unternehmen zu verändern, etwa es innovativer, weniger administrativ zu machen bedeutet nicht nur Veränderungen in der Auf-bau- und Ablauforganisation, sondern vor allem auch begleitende Verän-derungen in der Unternehmenskultur.

HERRMANN DOMINANZ INSTRUMENT
ROLAND SPINOLA

Dominanz-Profil für: _____ Profiltyp: _____

logisch   *konzeptionell*
                                                           erfinderisch
analytisch   *ganzheitlich*
technisch   **Cerebral (Intellekt)**   *synthetisch*
mathematisch   *artistisch*

links   *rechts*

administrativ   **Limbisch (Verhalten)**   *emotional*
konservativ   *musikalisch*
kontrolliert   *mitteilsam*
organisiert   *empathisch*
geplant   *spirituell*

Abbildung 33: Stabilität von Unternehmenskultur

Unternehmenskulturen in Verwaltungen sind anders als in Produktions-
abteilungen und beide wiederum wesentlich anders als in Architektur-
büros, Softwarehäusern oder Werbeagenturen. Repräsentative HDI-
Gruppen-Profile erlauben auf einen Blick Einsicht in die Unternehmenskultur.

Unternehmenskulturen sind sehr stabil und sehr charakteristisch für
einzelne Unternehmen. Dies veranschaulicht das folgende Beispiel:
Abbildung 33 zeigt drei Gruppen-Profile aus dem Bereich eines internationalen Großunternehmens der Technologie. Dieser Konzern läßt
jährlich aus ganz Europa leitende Angestellte zu einem speziellen mehr-
wöchigen Führungskräfte-Training zusammenkommen. Die Gruppen
sind jeweils etwa 40 Personen stark. Abbildung 33 zeigt die Gruppen-
Profile von drei aufeinanderfolgenden Jahrgängen dieses Kurses. Ist es
nicht faszinierend zu sehen, wie sehr die drei Gruppen-Profile fast identisch sind, und dies über fast alle europäischen Nationalitäten hinweg?
Wir sehen hier das Ergebnis eines über viele Jahre aufgebauten Selbst-
verständnisses eines Unternehmens.

Das Entstehen dieses Phänomens ist einfach. Das Hauptkriterium der
Auswahl bei Neueinstellungen ist die »Kooption«: man stellt bevorzugt
solche Personen ein, von denen erwartet wird, daß sie »zum Unternehmen passen«. Formale Auswahlverfahren und Tests spielen hierbei oft
eine wichtige Rolle zur Schaffung und Erhaltung dieser kulturellen Kon-
tinuität. Personen, die zu einer speziellen Unternehmenskultur passen,
fühlen sich angezogen. Personen, deren Profil zu weit vom erwünschten
abweicht, werden von der Gruppe ausgestoßen, oder sie verlassen von
sich aus das Unternehmen. Mitarbeiter, deren Profil bei Eintritt in das
Unternehmen stark abweicht, die sich aber als »formbar« erweisen,
modifizieren im Lauf der Jahre ihr Profil durch den Prozeß der Anpas-
sung an das Wertsystem und die Verhaltensmuster des Unternehmens.
Konsistente Unternehmenskulturen haben eindeutige Vorteile, wie sich
zu Hause fühlen, zu wissen, woran man ist, eine gemeinsame Sprache
sprechen, aber auch risikobehaftete Nachteile, wie Verschlossenheit
gegen andere Arbeitsmethoden und Denkansätze, Abstoßung von »art-
fremden« Mitarbeitern, auch wenn man sie dringend brauchen könnte.

Unternehmenskulturen können ebenso wie Personen linkshälftig,
rechtshälftig, cerebral oder limbisch ausgelegt sein und diese Attribute

auch in ihren HDI-Profilen zeigen. Eine deutliche Dominanz links unten weist z. B. auf starke hierarchische Strukturen sowie ausgeprägte Formalismen als Leitkonzepte des Unternehmens hin. Wenn heute in Unternehmen Mangel an Flexibilität, Formalismus, übermäßige hierarchische Strukturen, langwierige Entscheidungswege, technokratische Entscheidungsregeln, mangelndes Initiativverhalten der Mitarbeiter etc. beklagt werden, so handelt es sich mit Sicherheit um ein linkshälftiges Unternehmen, oft mit deutlicher Hervorhebung der *linken unteren* Hälfte. Der Aufbruch in Richtung auf mehr Flexibilität, Innovationsbereitschaft, Mitwirkung der Mitarbeiter und menschenbezogenes Verhalten bedeutet eine Verschiebung der Unternehmenskultur nach rechts. Nun tritt kein Unternehmen ohne besondere Gründe den Weg in eine Veränderung seiner Kultur an, insbesondere nachdem sich herausgestellt hat, daß Veränderungen der Unternehmenskultur ein langwieriges und nicht risikofreies Unterfangen sind. Das Buch »Management optimal« von D. Gottschall geht u. a. ausführlich auf diese Thematik ein.

Es wurde bereits darauf hingewiesen, daß das HDI mit seinen Gruppen-Profilen ein einfaches Mittel für eine noch dazu recht objektive Schnelldiagnose ist. Es bietet zusätzlich ein Verfahren zur aktiven mittelfristigen und langfristigen Gestaltung der Unternehmenskultur. Man stelle sich etwa einen stark linkshälftigen Unternehmensbereich vor, in dem bei allen Neueinstellungen bei fachlicher Gleichwertigkeit demjenigen Kandidaten der Vorzug gegeben wird, dessen Profil rechtshälftiger ist. Man könnte dies noch weiter verfeinern und unterscheiden, ob das Profil rechts oben (Kreativität, neue Konzepte bildend) oder rechts unten (auf Zwischenmenschliches und Kommunikation bezogen) stärkere Beiträge liefert. Wenn bei diesem Verfahren nicht Mitarbeiter eingestellt werden, die im Vergleich zur bestehenden Unternehmenskultur so weit rechtshälftig sind, daß sie nicht akzeptiert werden, bewirkt dieses Verfahren eine langfristige sanfte Veränderung ohne formale Maßnahmen und Organisations-Entwicklung. Dies spart Geld und Risiken, wenn man von einem Entwicklungszeitraum von 10 Jahren ausgeht.

Genauso läßt sich das Verfahren auch zur Konsolidierung von zu rechtshälftigen Gruppen verwenden. Dies ist jedoch in unserer Gesellschaft selten das Problem. Unternehmenskultur wird auch verändert, wenn z. B. bei Beförderungen im Kaderbereich Rechtshälfter bevorzugt werden. Bezieht man dies insbesondere auf die Komponente rechts unten, so kann man die Menschenbezogenheit des Managements wesentlich verstärken. Verschiebt sich ein Gruppen-Profil um 10 Punkte nach rechts unten, so entspricht dies einer dramatischen Veränderung. Schon geringfügige Veränderungen, also Verschiebungen der Gruppen-Profile von wenigen Punkten, bringen Veränderungen der Unternehmenskultur, die klimatisch gefühlsmäßig wahrnehmbar sind.

Verschieben sich in stark linkshälftigen Unternehmen die Gruppen-Profile nach rechts unten, so werden diese Unternehmen auch für Frauen attraktiver bzw., diese Unternehmenskulturen verlieren etwas von ihrer Frauenfeindlichkeit.

Zum Schluß unserer Betrachtungen zur Unternehmenskultur noch ein Auszug aus einem FAZ-Artikel vom 19. Juni 1986 mit dem Titel: »Spaß versteht nur die rechte Hirnhälfte«. Zitat: »Das Verständnis für Witz ist beim Menschen in der rechten, auf die ganzheitlich-intuitive Verarbeitung von Informationen spezialisierten Großhirn-Hemisphäre angelegt. Dies liegt aber nicht an ihrer mutmaßlichen größeren Emotionalität, sondern daran, daß der linken, aufgliedernd-logischen Hirnhälfte jeder Sinn für Absurdität und Vieldeutigkeit abgeht, wie sie in der Pointe zum Tragen kommen. Einen solchen Schluß erlauben jetzt Versuche, die Manfred Dagge und Wolfgang Hartje von der Abteilung für Neurologie am Klinikum der Technischen Hochschule Aachen mit Patienten unternommen haben, die infolge eines Schlaganfalles rechtseitige Hirnschäden davongetragen haben... Viel häufiger als Normalpersonen und als Linkshirngeschädigte waren die Patienten außerstande anzugeben, in welcher Zeichnung der Witz steckte... Man muß annehmen, folgert daher auch gerade der US-Psychologe Paul E. McGhee im Jahrbuch für Internationale Germanistik (Band 16) aus ähnlichen Experimenten, daß die linke Hirnhälfte nur... geradlinig den Gedankenfaden weiterspinnt. Humorvolle oder witzige Erlebnisse würden ihren Ursprung jedoch im rechten Großhirn nehmen, das allein ein Gespür für Widersinn und Doppeldeutiges besitze.«

Im Zusammenhang mit Unternehmenskultur stelle man sich einmal vor, wie sehr sich eine linkshälftige Gruppe von einer rechtshälftigen dadurch unterscheidet, daß ihr der Humor als ein Mittel des Umgangs miteinander nicht oder nur sehr eingeschränkt zur Verfügung steht.

Spitzenleistungen oder »Excellence« sind seit einigen Jahren zunehmend in das Interesse der Wirtschaft und der Wirtschaftsforschung
gerückt. Auch in Deutschland sind die Bücher von Peters und Waterman
sowie von Peters und Austin bekannt geworden. Dort wird behauptet
und beispielhaft mit Zahlen belegt, daß exzellente Unternehmen durchaus mit ihrem Gewinn um den Faktor 10 über dem Branchendurchschnitt
liegen können – und dies unabhängig von der Branche. Andere Untersuchungen zeigten, daß auch die individuelle Produktivität in ähnlichen
Größenordnungen schwankt.

Hochproduktivität im High-Tech-Bereich zeichnet sich vor allem
durch zwei Merkmale aus: Verkürzung der Entwicklungszeit in Entwick-
lungsteams und in individueller Produktivitätssteigerung in der täg-
lichen Produktion, soweit diese leicht meßbar ist.

Ein Beispiel für eine relativ leichte Meßbarkeit der individuellen Produktivität und auch der Teamproduktivität ist in der Datenverarbeitung
die berühmte Zahl der »lines of code«. Wenn z. B. gemäß Industrie-
standard ein Softwareentwickler – im Rahmen der Laufzeit des Gesamt-
projektes – statistisch gesehen 50 Zeilen Programmbefehle pro Tag
erstellt – steigt die Produktivität der absoluten Spitzenleute auf 1000 bis
1500 Programmzeilen pro Tag unter vergleichbaren statistischen Bedin-
gungen.

Näheres findet sich in dem Buch von Tracy Kidder: »Die Seele einer
neuen Maschine«. Dort wird beschrieben, wie in kaum mehr als 12 Mona-
ten ein völlig neuer Rechner mitsamt Hardware und Software entwickelt
und produktionsfertig gemacht wurde. Diese Leistung geht auf ein über-
raschend kleines Team zurück, das noch dazu weitgehend aus allerdings
handverlesenen Berufsanfängern bestand.

Eine Untersuchung von *Spitzenleuten* der *Software-Entwicklung*
bezüglich ihrer bevorzugten Denkstile ergab, daß Spitzenleistungen
immer mit stark ausgeprägtem *visuellen Denken* verbunden waren. Und
dieses wiederum mit hohen Werten rechts oben. In Abbildung 30 ist mit
3 das typische HDI-Profil eines solchen Spitzenmannes dargestellt.
Zum Vergleich stellt in derselben Abbildung das Profil # 4 einen normalen Software-Entwickler dar, wie er auch durch übliche Auswahltests
bevorzugt eingestellt wird. Es ist erkennbar, daß der dem Standard entsprechende Software-Entwickler ein typisches Ingenieur-Profil zeigt,

HERRMANN DOMINANZ INSTRUMENT
ROLAND SPINOLA

Dominanz-Profil für: _____ Profiltyp: _____

logisch   *konzeptionell*
                                                 erfinderisch
analytisch   *ganzheitlich*
technisch   **Cerebral (Intellekt)**   *synthetisch*
mathematisch   *artistisch*

links   *rechts*

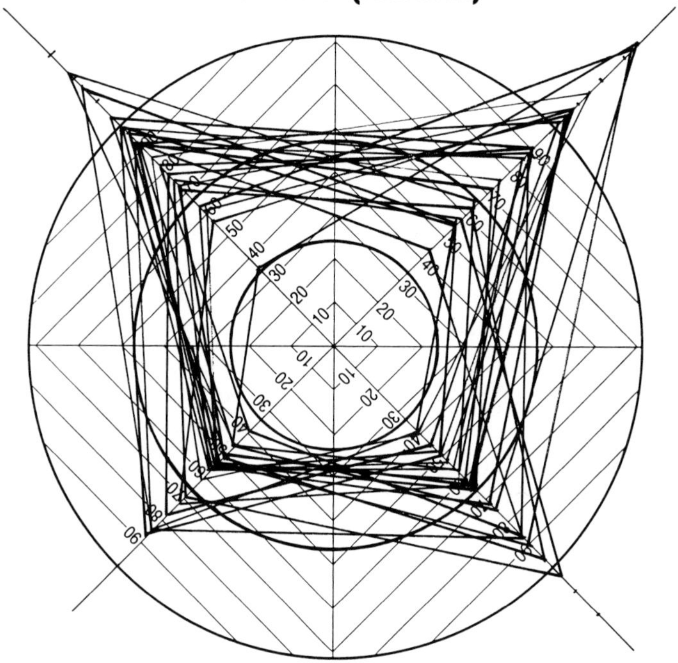

administrativ   **Limbisch (Verhalten)**   *emotional*
konservativ   *musikalisch*
kontrolliert   *mitteilsam*
organisiert   *empathisch*
geplant   *spirituell*

Abbildung 34: Gruppen-Profil eines atypischen, etwas rechtshälftigen
Software-Entwickler-Teams

während der »Super-Programmierer« eher das Profil eines Unternehmers oder graphischen Künstlers zeigt.

Visuelles Denken, im HDI rechts oben lokalisiert, tritt immer dann als Muß auf, wenn komplexe Denk-Aufgaben mit vielen Einflußvariablen parallel zu lösen sind. Lösungen werden dann, wie aus der Kreativitätsforschung hinreichend bekannt, oft in Wachträumen und normalen Träumen in Bildform gefunden. Hier kann an den Chemiker Kékulé erinnert werden, der die Ringstruktur des Benzols als eine sich in den Schwanz beißende Schlange träumte und den Traum richtig deutete.

Der Hintergund der erstaunlichen Zusammenhänge zwischen Rechtshälftigkeit und technisch-wissenschaftlichen Spitzenleistungen andererseits ist folgender: Wir haben üblicherweise die Vorstellung, daß Programmierung oder *Software-Erstellung* etwas ausgesprochen Rationales, Exaktes, Logisches, kurz: Linkshälftiges ist und deswegen der Softwareprogrammierer ebenso logisch – rational – linkshälftig sein müsse. Dieses selbstverständliche Konzept hat dazu geführt, daß ganze Firmen mittels entsprechender Testverfahren dafür gesorgt haben, daß kein einziger exzellenter Software-Entwickler mehr im Hause zu finden ist. Wieso Spitzenleistung in der Software-Entwicklung und in anderen HiTech-Bereichen mit sehr hohen Werten im rechten oberen Quadranten korreliert, hat einen einfachen Grund. Komplexes schnelles Denken ist bildhaft und gehört in die visuell arbeitende rechte Hirnhälfte, auch wenn die Ergebnisse rational sind.

Vor diesem Hintergrund wurden inzwischen *Trainingsprogramme* entwickelt, welche die speziellen Denkstile der Spitzenleute aufzubauen helfen. Interessant ist, daß eine wichtige Aufgabe dieser Trainings darin besteht, hoffnungsvolle Kandidaten für Spitzenleistung in ihren persönlichen Arbeitsmethoden zu bestätigen. Ähnliche Trainings werden in den USA mit dem Ziel der besseren strategischen Unternehmenskonzeption abgehalten und jetzt auch in Deutschland angeboten, z. B. »Superprogramming« als Training für Spitzenleistungen in der Datenverarbeitung.

Abschließend ein Zahlenbeispiel aus einem deutschen Unternehmen, in dem unter großem Zeitdruck die Hardware und Software für neue Rechnergenerationen im PC-Bereich entwickelt wird. Die Fragestellung lautete, ob das Software-Entwicklungsteam in den Hirn-Dominanz-Profilen hinreichend zwischen linker und rechter Hirnhälfte ausbalanciert

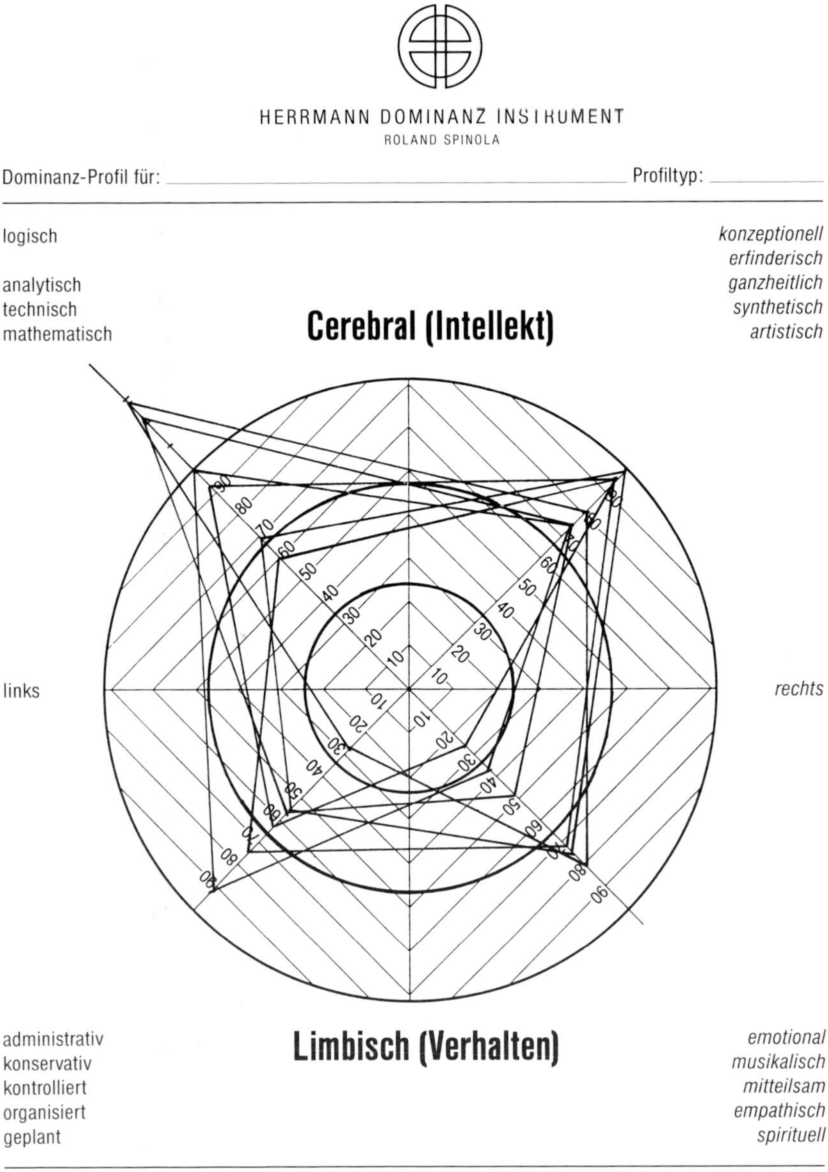

HERRMANN DOMINANZ INSTRUMENT
ROLAND SPINOLA

Dominanz-Profil für: _____ Profiltyp: _____

logisch

analytisch
technisch
mathematisch

Cerebral (Intellekt)

konzeptionell
erfinderisch
ganzheitlich
synthetisch
artistisch

links

rechts

administrativ
konservativ
kontrolliert
organisiert
geplant

Limbisch (Verhalten)

emotional
musikalisch
mitteilsam
empathisch
spirituell

Abbildung 35: Vorgesetztengruppe zu der Entwicklungsgruppe aus Abbildung 34

war. Die zugehörigen Profile sind in Abbildung 34 dargestellt. Sie werden unter dem Thema Team-Management näher besprochen. Im Zusammenhang mit dem Thema Spitzenleistung ist interessant, daß die dargestellte Entwicklergruppe sowohl Rechtshälfter wie Linkshälfter aufweist und mit ihrer leichten Rechtshälftigkeit deutlich erkennbar von vergleichbaren industrie-üblichen Gruppen-Profilen bei vergleichbaren Aufgabenbereichen abweicht. Der Grund wird bei der Betrachtung des Profils der Vorgesetztengruppe deutlich, das in Abbildung 35 dargestellt ist. Die für Einstellungen wohl einflußreichste Person auf der 2. Managementebene hat dabei selber das Profil (69, 55, 76, 99). Die drei Mitarbeiter der 1. Managementebene zeigen allesamt links oben Werte über bzw. gleich 100.

Die Ergebnisse neuerer Forschung stimmen gut mit wesentlich älteren Ergebnissen der Kreativitätsforschung überein, die allerdings noch nicht auf das Begriffsinstrumentarium der Hirnforschung und die resultierenden quantitativen Verfahren zurückgreifen konnten.

Nicht jede Person mit einem »Superprogrammer-Profil« ist ein Hochproduktiver im Bereich der Software-Entwicklung oder der Hochtechnologie. Mit entsprechenden Profilen finden sich viele Unternehmer, grafisch-künstlerisch Arbeitende und Künstler, wie Maler und Schauspieler. Hat aber eine Person mit diesem Profiltyp einmal z. B. den Beruf des Software-Entwicklers, warum auch immer, ergriffen, so ist die Wahrscheinlichkeit für eine überdurchschnittliche Produktivität sehr hoch. Bei diesem Profiltyp, insbesondere bei sehr hohen Werten rechts oben, kann übermäßiges Träumen mit unproduktiver Arbeit einhergehen.

Um Spitzenleistungen zu verhindern, sollte man davon ausgehen, daß alle Menschen, z. B. Techniker, Sekretärinnen oder Mathematiker, im wesentlichen, bezogen auf ihre Berufsgruppe, gleichartig denken und daher relativ beliebig in Teams gesteckt werden können. In technokratischen und patriarchalischen Unternehmen ist diese Einstellung durchaus verbreitet, wenn man von Lippenbekenntnissen absieht.

4.4 Personalauswahl anhand von Dominanz-Profilen

Eine andere für das Wirtschaftsleben besonders interessante Gruppe stellen die sogenannten *Ganzhirn-Menschen* dar. Sie zeigen Profile vom Typ 1-1-1-1 mit entsprechenden Profilwerten von z. B. 75, 68, 72, 83; die entsprechenden Profile sind im wesentlichen quadratisch. Menschen mit diesem Profiltyp zeichnen sich dadurch aus, daß ihnen alle vier Denkstile des HDI auf der Stufe der Präferenz zugänglich sind.

Einem Manager mit diesem Profil fällt es nicht schwer, nach allen vier Richtungen hin offen zu sein und Gesprächspartnern, in welcher Richtung auch deren ausgeprägte erste Dominanz liegen mag, ein interessierter Gesprächspartner zu sein. Menschen mit diesem Profiltyp vermeiden im Berufsleben Einseitigkeiten von Denk- und Verhaltensweisen. Sie sind z. B. in der Rolle von Projektmanagern genauso interessiert an neuen Ideen wie an Kostenverfolgung. Sie wissen ein prozedurales Lösungsverfahren ebenso zu schätzen wie menschlichen Kontakt.

Wegen dieser Qualitäten haben Personalberater und Head Hunter inzwischen in den USA mit der Suche nach solchen Personen begonnen. Ganzhirn-Manager werden öfters – besonders wenn der Wert rechts unten im Rahmen des Profilbereiches »1« ziemlich klein ist – eher als »persönlich unauffällig« beschrieben. Ihnen gehen die hervorstechenden persönlichen Charakteristika ab, die mit stark asymmetrisch-dominanten Profilen einhergehen. Daher gehören Ganzhirn-Menschen meist nicht dem Typ von Mensch an, der als klassische Führungspersönlichkeit angesehen wird – trotz ihrer speziellen Leistungsfähigkeit.

Es ist typisch für *Einstellungsverfahren*, daß umfangreiche Zeugnisse und Leistungsnachweise vorliegen und es trotzdem schwierig ist, gezielte Personalgespräche zu führen, die sich nicht im rein fachlichen Bereich bewegen. Das liegt zum Teil daran, daß sich auch erfahrene Interviewer im Personalgespräch zunächst auf ihr Gegenüber einstellen müssen. Das Gespräch wird oft durch zufällige Gesprächswendungen und Aussagen gelenkt, ohne die gewünschte Intensität zu erreichen oder wichtige Punkte zu vertiefen. Dies gilt besonders für Fachabteilungen, die technische Fragen in den Vordergrund stellen.

Der Wert des HDI im Einstellungsverfahren zeigt sich besonders in der Vorbereitungsphase des Interviewers und in der Eröffnungsphase des Gesprächs. Das HDI gibt deutliche Hinweise auf wichtige Aspekte der Persönlichkeit, noch ehe das Gespräch mit dem Kandidaten beginnt. Gerade die Verbindung zwischen der klassischen Auswertung der Bewerbungsunterlagen und den Aussagen des Dominanz-Profils ermöglichen, die ersten drei bis fünf zentralen Fragen des Personalgesprächs vorab zu erkennen. Damit kann von Anfang an ein gezieltes Gespräch geführt werden, das ohne große Orientierungsphase sowohl auf heikle als auch auf wertvolle Punkte eingeht.

Bei entsprechender Vorbereitung lassen sich sämtliche Tests bezüglich der erwünschten Ergebnisse, zumindest teilweise, manipulieren. Auch Hirn-Dominanzen lassen sich fälschen. Zuvor ein Hinweis: Fälschungen finden dort statt, wo sie attraktiv sind. Wenn also z. B. ein Unternehmen einem Bewerber Anlaß gibt anzunehmen, er müsse einen bestimmten Eindruck erwecken, um erfolgreich zu sein, so verursacht letztlich das Unternehmen diese Fälschung. Gerade wenn mit einer Ausschreibung mehrere Positionen zu besetzen sind, ist die Vorgabe eines einzigen Anforderungs-Profils ebenso unüberlegt wie unangemessen. In Abbildung 34 ist leicht zu erkennen, wie viele unterschiedliche Profile in einem Team, dessen Mitglieder alle dieselbe Berufsbezeichnung tragen, angesiedelt sein können. Gerade in einem solchen Fall kann ein Unternehmen darauf hinweisen, daß es nicht ein spezielles Profil suche, sondern daß es darauf ankommt, aus dem Profil des Bewerbers zu erkennen, welche der nach der Tätigkeitsart unterschiedlichen offenen Positionen bzw. Tätigkeiten für ihn besonders interessant seien. Auf dieser Basis können Arbeitgeber und Arbeitnehmer erfolgreich zusammenarbeiten, ohne daß die Fälschung von Profilen Vorteile bringt.

Nun zu den Fällen, in denen Fälschungen versucht werden. Ein Beispiel, das uns bekannt wurde, ist der Versuch eines Technikers mit typischem Techniker-Profil und geringem Wert rechts unten im Vermeidungsbereich, diesen Wert rechts unten »anzuheben«. Hierzu ist jedoch einiges Vorwissen nötig. Man muß eigentlich den Test zumindest einmal gemacht haben und sein eigenes Profil kennen, um gezielt manipulieren zu können. *Manipulationen* ohne nähere Kenntnis des HDI-Fragebogens sind bei einem Teil der Fragen im Fragebogen sicherlich möglich, setzen aber beachtliches Einsichtsvermögen voraus und natürlich den Anreiz zur Verfälschung.

Es werden zwei Arten von Verfälschungen unterschieden: Die einfache Verfälschung, bei der zielgerichtet Angaben verfälscht werden, jedoch der Ausfüllende sich nicht selbst verleugnet, sondern nur im Rahmen seines Selbstgefühls schönt und modifiziert. Der zweite Typ geht über die Grenze der Selbstverleugnung gezielt hinaus. Einige Erfahrungen zeigen, daß ohne Überschreiten der Grenze der Selbstverleugnung höchstens 10 Punkte in Richtung einer Achse verschoben werden können.

Mit der weiteren Verbreitung des HDI wird auch, wie bei allen anderen gebräuchlichen Verfahren, das zur Verfälschung notwendige Vorwissen steigen. Es liegt an der Personalabteilung, den Sinn und Zwecks des Tests im Rahmen des Einstellungsverfahrens zu verdeutlichen und den Kandidaten zur Kooperation zu bewegen. Deswegen ist es ratsam, dem Bewerber anläßlich des Einstellungsgesprächs grundsätzlich eine Kopie seines HDI-Profils mit der beigefügten Erläuterung auszuhändigen.

4.5 HDI und Team-Management

Im Rahmen zunehmender Arbeitsteilung und Spezialisierung gewinnt Teamarbeit eine immer höhere Bedeutung. Dabei lassen sich zwei Hauptgruppen von Teams unterscheiden: Das *Dauerteam*, z. B. Chef/Sekretärin; Arbeitsteams an einem Hochofen, und *temporäre* Teams (in der Regel Projektteams). *Projektteams* gewinnen zunehmend an Bedeutung, da Arbeiten mit Projektstruktur immer weiter zunehmen. In früheren Jahrzehnten, in denen im industriellen Bereich der meist sehr kontinuierlich ablaufende Produktionsprozeß absoluten Vorrang hatte und Projekte fast unbekannt waren, bildeten sich Regeln der Personalarbeit heraus, die auch heute noch weitgehend befolgt werden. So gilt, daß das Personalmanagement um so leichter zu beherrschen ist, je eher das Arbeitsfeld einem kontinuierlichen Produktionsprozeß gleicht. Dagegen wird das Projektmanagement um so schwieriger, und die Mißerfolge sind um so häufiger, je mehr eine Aufgabe Projektcharakter hat und je kurzlebiger und anspruchsvoller die Projektphasen sind.

Das Team-Management-Instrument »*Q-Team*« (»Quality-Team«) baut auf der Struktur des Hirn-Dominanz-Modells auf und verbindet Mitarbeiter-Profile mit den phasendominanten Anforderungs-Profilen, die in Abbildung 36 mit A, B, C, D bezeichnet sind.

Es hat sich gezeigt, daß die vier dominanten Grundphasen A bis D in allen Entwicklungsprojekten hintereinander durchlaufen werden, ob nun das Projekt in eine Folge von 4, 5 oder 7 Projektphasen aufgeteilt wird, je nach benutztem Managementverfahren. Die vier immer wieder auftretenden Grundphasen sind:

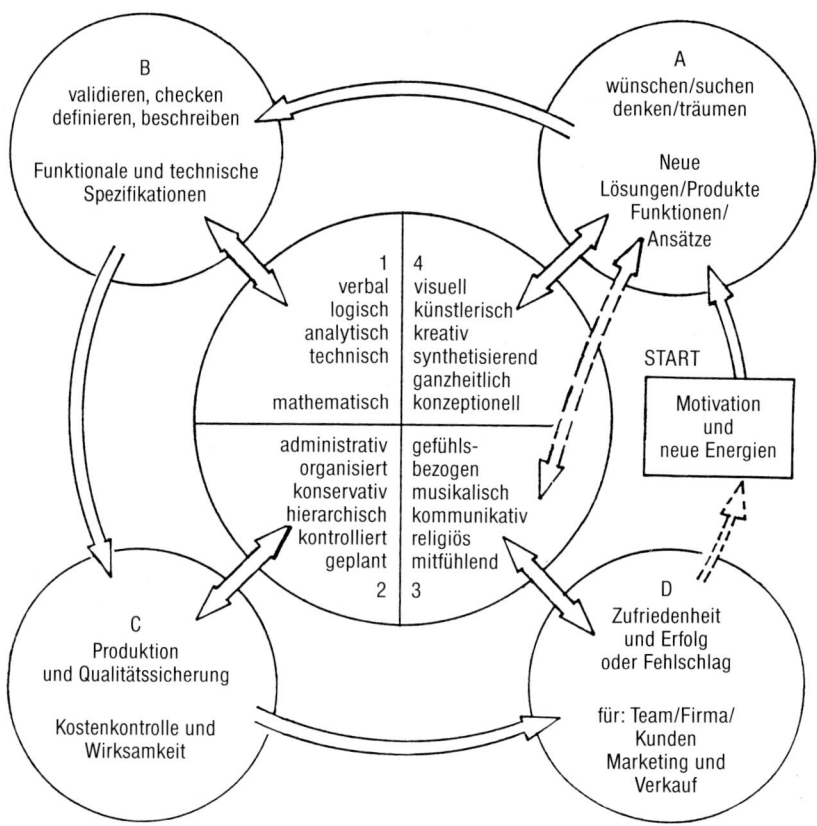

Abbildung 36: Verknüpfen von Projektphasen und Teamstruktur nach dem Verfahren
»Quality Team« (Q-Team)

A: Bildung des Konzepts für das Produkt bzw. das Projektergebnis
B: Detaillierende Analyse und Spezifikation der Lösung
C: Produktionsplanung, Produktion und Produktionskontrolle nach
Quantität, Qualität und Kosten
D: Kommunikation intern sowie extern mit Kunden und Anwendern
Grundsätzlich werden in jedem Entwicklungsprojekt die vier domi-

nanten Phasenelemente in der angegebenen Reihenfolge Abbildung 36 durchlaufen.

Das Element D wird dabei zweimal angesprochen: In der Startphase und in der Einführungsphase, wenn die Kommunikation mit dem Kunden/Anwender besondere Bedeutung hat.

In Abbildung 36 verknüpfen Pfeile die äußeren Kreise (d. h. die dominanten Phasenelemente) A, B, C, D mit den vier Quadranten des inneren Kreises. Der innere Kreis stellt die aus dem HDI schon bekannten vier Quadranten dar. Die eingezeichneten Pfeile weisen auf die für das dominante Phasenelement jeweils wichtigsten persönlichen Eigenschaften hin. Für das Phasenelement B z. B. auf die klassischen Ingenieur-Tugenden der linken oberen Hälfte: logisch/analytisch/mathematisch/technisch/problemlösend als dominante Qualität. Das HDI erlaubt jedem Mitarbeiter im Team festzustellen, wieweit sein persönliches Dominanz-Profil typisch mit den Anforderungen zu A, B, C, D übereinstimmt. Diese Verknüpfung ist der Schlüssel zu einem *rationalen Team-Management,* wie es von Q-Team angestrebt wird. Abbildung 37 und Abbildung 38 zeigen zwei jeweils aus 8 Mitgliedern bestehende Teams. Wenn beide als Teams funktionieren, sind sie geeignet, sehr unterschiedliche Aufgaben zu lösen. Dem Team aus Abbildung 38 sollte man keine innovativen Entwicklerleistungen abverlangen: es erscheint eher geeignet, mit Sachkunde einen fast gleichartigen Job zu erledigen, und zwar effizient, korrekt,und technokratisch.

Trotz einer starken linkshälftigen Komponente ist das Team aus Abbildung 37 wesentlich besser geeignet, eine anspruchsvolle Entwicklungsaufgabe zu bearbeiten. Voraussetzung dafür ist, daß die # 2 und # 3 bezeichneten Teammitglieder in der Phase A nicht ausgebremst werden. Wäre # 8 der Projektleiter, so wäre das Risiko dafür groß!

Die Darstellung eines geplanten Teams mit Eintragung von Namen und Funktionen in ein Team-Profil visualisiert sofort die Möglichkeiten und Risiken eines Teams angesichts einer bevorstehenden Aufgabe. Hier entsteht wertvolles Material für wichtige Managemententscheidungen.

Beim Einsatz von Q-Team entsprechen viele Kombinationen auch entsprechenden Lösungen des Team-Puzzles. Gelingt es nicht, die dominanten Phasenanforderungen A, B, C, D befriedigend abzudecken, läßt sich ganz bewußt mit der erkannten Schwäche umgehen oder nach einem ge-

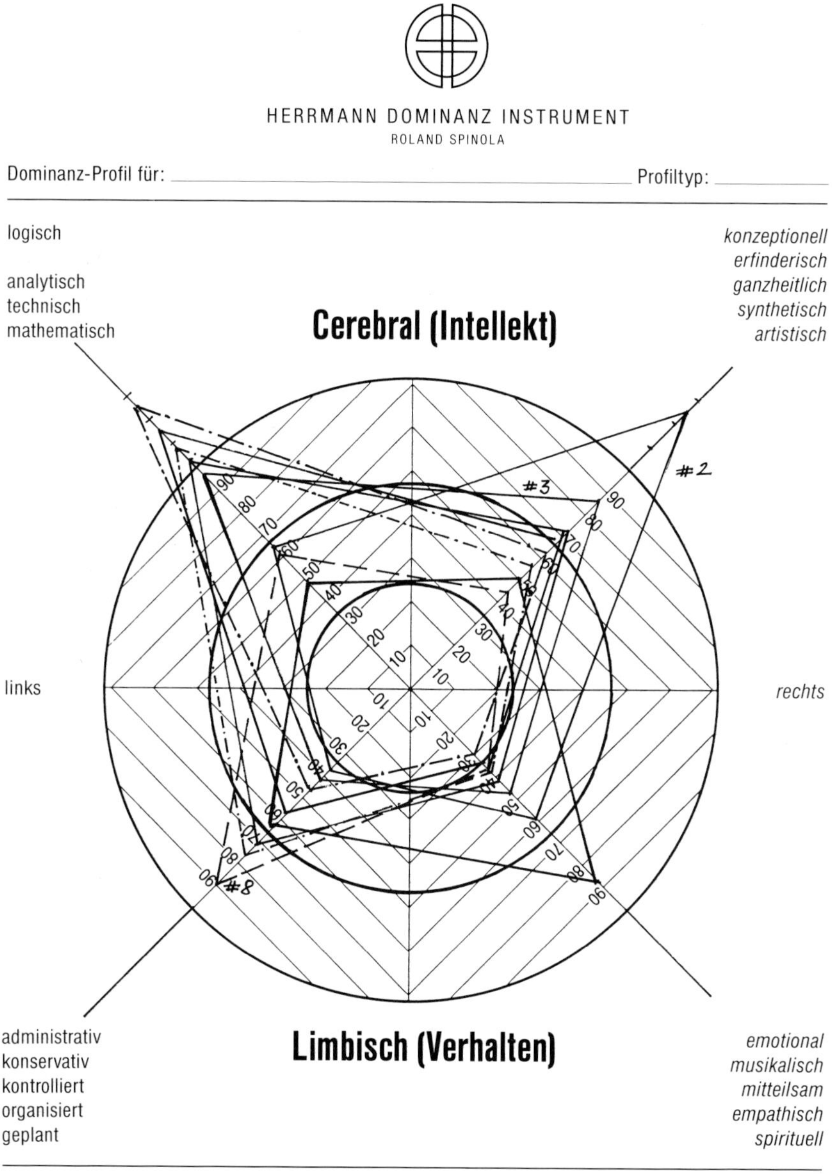

HERRMANN DOMINANZ INSTRUMENT
ROLAND SPINOLA

Dominanz-Profil für: _____ Profiltyp: _____

logisch		konzeptionell
analytisch		erfinderisch
technisch	**Cerebral (Intellekt)**	ganzheitlich
mathematisch		synthetisch
		artistisch

links   rechts

administrativ		emotional
konservativ	**Limbisch (Verhalten)**	musikalisch
kontrolliert		mitteilsam
organisiert		empathisch
geplant		spirituell

Abbildung 37: Projektteam mit Kapazität für innovative Entwicklung

eigneten Mitarbeiter suchen, um die Lücke zu füllen. Fehlen entsprechende Mitarbeiter, etwa in einem stark innovativen Projekt im Bereich A, sollte man unter Umständen besser die Finger von diesem Projekt lassen, da die vorhersehbaren Risiken sehr hoch sind. Oft wenden Manager als Argument gegen dieses Vorgehen ein:»Aber wir haben doch so wenige Mitarbeiter zur Auswahl – wir müssen ja die Leute nehmen, die wir bekommen.« Dieser Einwand ist insbesondere bei Technikern verständlich, die sich auf diese Weise gegen die Beschäftigung mit den ihnen eher unheimlichen menschlichen Faktoren wenden. Kaufmännisch verzichtet man besser auf ein Projekt, das man nicht richtig besetzen kann. Oder man strengt sich gezielt an.

Vergleicht man einmal die in Abbildung 31 und Abbildung 38 dargestellten linkshälftigen Gruppen, so sieht man, daß die zum Vorstand des technischen Konzerns gehörenden Personen sowohl rechts unten (personenbezogen, kommunikativ) wie rechts oben (ganzheitlich) im Durchschnitt deutlich höhere Werte zeigen. Dies drückt einen immer wieder zu beobachtenden Zusammenhang aus: Aufstieg in obere und oberste Positionen im Management erfordert mehr Rechtshälftigkeit als auf den unteren Ebenen (desselben Unternehmens) üblich.

Insbesondere für projektorientierte Unternehmen öffnet das Managementverfahren Q-Team auf der Basis des HDI erstmals die Türen zu einem rationalen und damit lern- und lehrbaren Teammanagement, das als durchgängiges Managementverfahren eingeführt werden kann. Für die Mitarbeiter ergibt sich in Projekten, die mit HDI/Q-Team arbeiten, die Möglichkeit, mehr sie selbst zu sein. Dabei gibt es zwei Möglichkeiten: Die Dominanz-Maxima bei meist guter Arbeitszufriedenheit auszuleben oder die Herausforderung anzunehmen, in Aufgabenbereichen zu arbeiten, in denen das eigene Profil knappe Werte zeigt. Dies bedeutet, gezielt an der Entwicklung des eigenen Profils zu arbeiten.

In den USA zeigte sich, daß Projektteams gern ihre Profile öffentlich in die gemeinsame Projektarbeit einbeziehen und dazu ihre Profile in den Büros an die Wände hängen, sehr zum Vorteil des Projektverlaufs.

Gerade die Möglichkeit von Q-Team, die Mitarbeiter durch gezielte Aufgabenzuweisung mehr sie selbst sein zu lassen, erfüllt zwei wichtige Anforderungen an ein an»Human-Resources-Development« orientiertes Personalmanagement. Es bedeutet zum einen, die Individualität der Mit-

HERRMANN DOMINANZ INSTRUMENT
ROLAND SPINOLA

Dominanz-Profil für: _____ Profiltyp: _____

logisch

analytisch
technisch
mathematisch

konzeptionell
erfinderisch
ganzheitlich
synthetisch
artistisch

Cerebral (Intellekt)

links

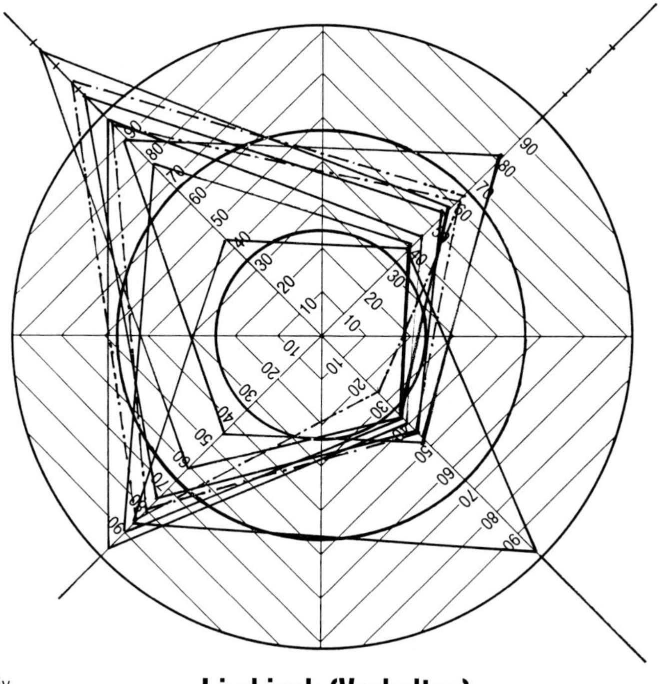

rechts

administrativ
konservativ
kontrolliert
organisiert
geplant

Limbisch (Verhalten)

emotional
musikalisch
mitteilsam
empathisch
spirituell

Abbildung 38: Projektteam mit Kapazität für abwicklungsorientierte Projekte

arbeiter mit ihren Neigungen und Ablehnungen stärker einzubeziehen und damit menschlicheres Management zu betreiben, zum anderen, die wirtschaftlichen Risiken durch ungünstige Rollenbesetzungen zu reduzieren, wobei sich gleichzeitig die Produktivität verbessert. Schlechte Rollenbesetzung bedeutet vorprogrammierte projektschädliche Konflikte, wenn z. B. als Projektleiter ein für die USA typischer Mittel-Manager wie #2 aus Abbildung 30 eingesetzt ist, der in seinem Team einen Mitarbeiter wie Typ #3 aus Abbildung 30 zu führen hat. Betrachtet man hierzu die Projektphase A, an der gerade gearbeitet wird und zu der #3 ein geradezu ideales Profil hat, wird deutlich: Gemäß seinem eigenen Profiltyp liebt der Projektleiter vorgefertigte Zeitpläne, Projektstundenlisten und ausgefüllte formatisierte Phasenprotokolle, während #3 z. B. immer wieder »unformatiert« berichtet, er sei mit dem Kunden noch nicht über die Produktidee klar. Der Konflikt ist vorgezeichnet. In stark administrativ geführten Unternehmen führt die beschriebene Situation meist dazu, daß #3 das Projekt und vielleicht auch die Firma verläßt.

Wohlgemerkt: Q-Team bedeutet nicht, daß #2 kein guter Manager ist. Typ #2 sollte im Regelfall nicht in einem Entwicklungsprojekt Manager sein, in dem alle vier dominanten Phasenelemente von entscheidender Bedeutung sind. Der einzige Weg, der bei dieser Personenkonstellation zum Erfolg führen könnte, liegt darin, daß #2 in seiner Projektleiterrolle ganz bewußt daran arbeitet, #3 insbesondere während Phase A zu Wort kommen zu lassen und zuzuhören, statt ihn auflaufen zu lassen.

Bei der Einführung des Instruments werden insbesondere technischorganisatorisch orientierte Firmen feststellen, daß in ihrem Mitarbeiterstab die zu den Projektphasen B und C gehörigen Mitarbeiter zahlreich sind, während sich zu A und D ein Mangel zeigt. Eine praktische Hilfe, bei der dem Unternehmen keine besonderen Umgestaltungsmaßnahmen abverlangt werden, ist ein Ganzhirn-Manager – sofern man ihn findet.

4.6 Selbst-Management und Persönlichkeitsentwicklung

Im Juni 1987 beteiligten sich etwa 10.000 vorwiegend jüngere Menschen an der *Capital-Aktion* »Was kann ich?«. In dieser computergestützten Aktion, die auf Hinweise zur Berufswahl ausgerichtet war, wurde eine erweiterte Form des HDI benutzt.

Ratschläge zur Berufswahl im Zusammenhang mit dem HDI haben zumindest zwei Aspekte zu berücksichtigen. Zum einen gibt es zu vielen Berufen typische Profile. Insofern ist es verhältnismäßig leicht, zu den jeweiligen Profilen die zugehörigen typischen Berufe und Eigenschaften zu beschreiben. Zum anderen ist zu berücksichtigen, daß auch beim gleichen Beruf sehr unterschiedliche Profile auftreten können. In diesem Fall weisen dann die Profile auf typische Tätigkeitsmerkmale hin.

Bei der Berufsberatung durch ein erweitertes HDI lassen sich diese beiden Aspekte kombinieren.

Ein anderer wichtiger Aspekt ist die *schulische Vorbildung* und Vorerfahrung, die sich teilweise deutlich im Dominanz-Profil niederschlägt. Dominanz-Profile von Schülern, die ein musisches Gymnasium besucht haben, neigen zu deutlicher Rechtshälftigkeit, insbesondere rechts unten bei gleichzeitiger niedriger Ausprägung auf der linken Seite, hier links oben. Solche Profile drücken häufig keine sozusagen angeborene Nicht-Präferenz des Rational-technisch-mathematisch-Logischen aus. Vielmehr sind oft schultyp-spezifisch niedrige soziale Werte, wenn nicht sogar Verachtung, mit technischen und verwaltenden Tätigkeiten verbunden worden. Ist ein solches Wertsystem einmal internalisiert worden, wirkt es in Richtung auf Vermeidung bzw. Überbetonung der entsprechenden gegensätzlichen Denkstile. Ähnliches läßt sich auch von einem Ingenieur-Studium sagen, das andersartige Werte setzt und den Denkstil zu Gunsten der linken, vor allem oberen Hälfte beeinflußt.

Oft sind Eltern oder hochgeschätzte Bezugspersonen die Ursachen von Berufswünschen, die überhaupt nicht zu dem Profil passen. Hier kann das HDI Hinweise auf die Diskrepanz zwischen ermitteltem Dominanz-Profil und Berufswunsch geben. Analog zeigte sich auch bei Berufstätigen, die mit ihrer beruflichen Situation unzufrieden sind, eine typische Diskrepanz zwischen Dominanz-Profil und Tätigkeitsspektrum. Hier wird das Dominanz-Profil, insbesondere im Rahmen einer individuellen Beratung, zu einem wichtigen Arbeitsmittel bei der Suche nach alternativen Tätigkeiten.

Profile und Partnerschaften lassen sich auf Arbeitswelt und den persönlichen Bereich anwenden. Das klassische Paar der *Arbeitswelt:* Chef und Sekretärin. Die in Abbildung 39 dargestellten Profile #1 und #2 könnten typische Profile für einen Chef und seine Sekretärin darstellen.

HERRMANN DOMINANZ INSTRUMENT
ROLAND SPINOLA

Dominanz-Profil für: _____ Profiltyp: _____

logisch

analytisch
technisch
mathematisch

konzeptionell
erfinderisch
ganzheitlich
synthetisch
artistisch

Cerebral (Intellekt)

links   rechts

administrativ
konservativ
kontrolliert
organisiert
geplant

Limbisch (Verhalten)

emotional
musikalisch
mitteilsam
empathisch
spirituell

Abbildung 39: Beispiel eines synergetischen Profilpaars

Zur Betrachtung der Situation benutzen wir die Technik der Gruppen-Profile. Es ist erkennbar, daß die Sekretärin ihren Chef gerade da kompensiert, wo er seinen geringsten Wert zeigt, im emotionalen und personenbezogenen Bereich. Sie bringt ihre starke personenbezogene Profil-Komponente sowohl ihrem Chef gegenüber ein (Kaffee kochen, Vertraute und Ratgeberin auch in persönlichen Dingen sein) als auch gegenüber den Mitarbeitern, für die sie oft eine wichtige Kontaktperson und Anlaufstelle ist. Solange die Sekretärin nicht beschließt, das Kaffee-kochen und überhaupt ihre fürsorglich-zwischenmenschliche Qualität aufzugeben, wird diese Beziehung recht stabil sein können.

Wichtig beim Profilvergleich unseres Chef-/Sekretärin-Paares ist auch, daß im Bereich links unten die Ordnungserfordernisse gut ausgeprägt und bei beiden mit etwa denselben Werten vertreten sind. Daraus ist anzunehmen, daß Fragen der Büroordnung sowie der hierarchischen Beziehungen nicht zu Meinungsverschiedenheiten führen.

Handelt es sich bei demselben Profilpaar in Abbildung 39 nicht um Chef und Sekretärin, sondern um Ehemann und Ehefrau, so enthält das Gruppen-Profil einige wichtige Hinweise. Bei Profil-Kombinationen dieser Art, die uns in Beratungssituationen begegnet sind, haben wir erfahren, daß man dem Ehemann auf den Kopf zusagen kann: Seine Frau vermißt, daß er nie mit ihr tanzen geht. Diese Bemerkung wurde bisher in jedem Fall bestätigt. Statt wie im Beispiel Chef/Sekretärin gerade aus der Verschiedenheit der Werte in den Bereichen links oben und rechts unten die Basis für eine Synergie zu finden, bedeutet derselbe Unterschied im Falle einer Ehe oft das Vorhandensein eines Krisenherdes. Sie beklagt sich, daß er nicht emotional und personenbezogen auf sie eingehe, nicht mit ihr ausgehe oder an Musik nicht besonders interessiert sei etc. Er vermißt dagegen, daß sie ihm bei seinen klugen und sachkundigen Argumentationen oft nicht folgen mag bzw. gar gelangweilte oder abwertende Bemerkungen macht. Da sich beide Partner links unten in einem höheren Wert treffen, werden die beiden vermutlich in Finanzfragen übereinstimmen und mit beachtlicher Wahrscheinlichkeit z. B. an der Verwirklichung einer eigenen Wohnung oder eines Eigenheims arbeiten, falls dieses Ziel nicht schon erreicht ist.

Es ist erstaunlich, wie viele Aspekte von partnerschaftlichen Beziehungen in verschiedenen Rollen aus diesen Profilen abzulesen sind.

Trotzdem sollte man sich hüten, solche Vermutungen, die aus den Profilen resultieren, ohne konkretere Überprüfung im Einzelfall einfach anzunehmen. Um in einem Ehekonflikt wirklich beraten zu können, ist eine intensive Betrachtung des Einzelfalls notwendig. Die Analyse der Dominanz-Profile hat jedoch eine ähnliche Wirkung wie bei Bewerbungsgesprächen. Es ist von Vorteil, bei Kenntnis der Profile ohne Zeitverzögerungen direkt mutmaßliche Konfliktherde bzw. Bereiche der positiven Übereinstimmung ansteuern zu können.

Viele Menschen, die ihr *Hirn-Dominanz-Profil* kennenlernen und die weiter in die Bedeutung und Interpretation eingeführt werden, erklären später, einen wesentlichen Anstoß für ihr Leben erfahren zu haben.

Hierzu das Beispiel einer Malerin mit unvollständiger akademischer Ausbildung und großem Talent als Lebenskünstlerin. Als ihr das Modell der Dominanz-Profile erläuterte wurde, hatte sie eine tiefe Einsicht, wieso sie ununterbrochen in Geldschwierigkeiten und Problemen mit dem Finanzamt lebte. Sie erkannte bewußt, daß sie den Umgang mit den Elementen der linken unteren Hälfte, also auch mit Geld oder Steuerbelegen, grundsätzlich vermied. Sie erkannte dabei auch, daß sie bis zu diesem Augenblick geglaubt hatte, daß sie, um eine richtige Künstlerin zu sein, diese Vermeidung haben müsse. Nachdem sie verstanden hatte, daß einige Punkte mehr links unten ihr das Leben wesentlich leichter machen würden, ohne deswegen ihre künstlerischen Qualitäten aufgeben zu müssen, startete sie ganz bewußt ihre persönliche Profilveränderung. Nach eigenem Bekunden konnte sie nach einigen Jahren wesentlich besser mit Finanzen, Belegen und Finanzamt umgehen.

Ein anderes Beispiel bezieht sich auf das Profil 2-1-2-1 mit den Werten 50, 92, 47, 103. Dieses ist typisch für einen ungelösten Konflikt im Inneren der Person. Einerseits dominiert mit dem hohen Wert links unten Sicherheitsstreben, Organisation und traditionsbezogenes Vorgehen sowie hierarchiebezogenes Verhalten. Andererseits dominieren rechts oben Risikobereitschaft, Intuition und neue Ideen. Die Lektion, die beim Betrachten dieses Profiltyps zu lernen war: Eine immer wiederkehrende Inkonsistenz des eigenen Verhaltens zu erkennen. Dies bedeutet, daß man in einer Situation zunächst zukunftsorientiert, risikobereit und innovationsfreudig ist, um u. U. schon Minuten später eine ganz andere Haltung zu zeigen. Nun stehen zum selben Thema das Risiko, Investitio-

nen und vor allem die Kosten im Vordergrund der Betrachtung. Die Ge-
samthaltung wird detailbezogen und eher pedantisch, während sie noch
wenige Minuten zuvor global und tolerant für Unsicherheiten und
Unschärfen war. Personen mit diesem Profil sind insbesondere im Management wegen ihres dauernden Standpunktwechsels problematisch. Die
Lektion, die hier zu lernen ist: Die Inkonsistenz im eigenen Verhalten zu
erkennen und Bemühungen einzuleiten, sie allmählich unter Kontrolle
zu bekommen.

Anschließend ein Hinweis, wie sich beim letztgenannten Profil die
Inkonsistenz oft auf andere Weise ausdrückt. In diesen typischen Fällen
dominiert im Berufsleben der linke untere Quadrant, während in der
Freizeit der rechte obere dominiert. Typisch dafür wäre z. B. die Kom-
bination von Anlagenbuchhalter und Drachenflieger.

Das Grundmuster ist immer wieder dasselbe: Ein Stück Selbsterkenntnis, das Anregungen zu neuen Verhaltensweisen gibt. Sei dies nun
die bessere Nutzung der erkannten eigenen Präferenzen und Stärken
oder die Arbeit an Schwächen, die sich im Profil ausdrücken.

Es wird deutlich, daß es viele unterschiedliche Profil-Kombinationen
gibt. Das Beratungssystem »Der Profil-Manager«, das die Vermittlung des
persönlichen Dominanz-Profils und Aufgaben der Berufsberatung ver-
eint und 1988 auf den deutschen Markt kommt, kennt über 1500 deutlich
unterscheidbare Profile. Für jedes dieser Profile steht die Individualität
eines Menschen.

Auch wenn wir gerne möchten, können wir uns nicht ein Profil zu-
legen, das auf allen vier Achsen den Maximalwert 145 besitzt. Wir alle
müssen uns damit begnügen, daß unser gegenwärtiges Profil nur einen
Teil dessen darstellt, was Menschen leben und auszudrücken vermögen.
Wir sehen dann, daß unsere Art, zu denken und zu handeln, nur eine
Form von sehr vielen ist. Wir können auf unserem Profil beharren, alle
unsere Haltungen und Einstellungen so zäh verteidigen, daß unser Profil
über viele Jahre hinweg sich kaum um einen Punkt verschiebt. Wir können aber auch neugierig sein, welche vorhandenen Möglichkeiten des
Lebens wir in unseren Erfahrungsraum hineinziehen können: Wir können unser Profil in geringem Maß oder auch drastisch in großem Maße
verändern und uns damit neue Erlebniswelten erschließen.

Je toleranter wir Menschen mit anderen Profilen gegenüber sein können, desto leichter werden wir uns nicht gegen die Andersartigkeit abgrenzen, sondern gleichzeitig die besonderen Gaben und Möglichkeiten wahrnehmen, die mit anderen Profilen einhergehen. Wir können ein Spiel daraus machen, bei anderen Menschen die Profile zu raten, und unsere Augen für die Möglichkeiten öffnen, die mit diesen anderen Profilen verbunden sind.

Wir hoffen, mit diesem kleinen Buch einen Eindruck und eine Übersicht darüber vermittelt zu haben, was Hirn-Dominanz bedeutet und wofür sie uns nützlich sein kann. Wir gehen davon aus, daß das in diesem Büchlein beschriebene Wissen in 10 bis 15 Jahren zum Standardwissen gehört. Was uns jetzt zunächst einmal bevorsteht, ist, dieses neue Wissen nicht nur in unseren Bücherregalen aufzustellen, sondern es auf interessierte und neugierige Weise in unser berufliches und persönliches Leben zu integrieren.

AMMELBURG, GERD: *Die Unternehmenszukunft. Strukturen und Führungsstil im Wandel zum 3. Jahrtausend.* Freiburg i. Br. 1985.

AMMELBURG, GERD (Hrsg.): *Kreativität – die Chance für unsere Zukunft.* Frankfurt 1984.

BADDELEY, ALAN: *So denkt der Mensch. Unser Gedächtnis und wie es funktioniert.* München 1986.

BEYER, GÜNTHER. *Creatives Lernen. Das Trainingsprogramm für Creativität.* Düsseldorf 1982.

BIRKENBIHL, VERA F.: *Die Birkenbihl-Methode, Fremdsprachen zu lernen.* Speyer 1987.

BIRKENBIHL, VERA F.: *Stichwort: Schule – Trotz Schule lernen!* Speyer 1987.

BIRKENBIHL, VERA F.: *Stroh im Kopf? Oder: Gebrauchsanweisung fürs Gehirn.* Speyer 1986.

BLAKESLEE, THOMAS R.: *Das Rechte Gehirn. Das Unbewußte und seine schöpferischen Kräfte.* Freiburg i. B. 1982.

BOCHOW, PETER/WAGNER, HARDY: *Suggestopädie, Superlearning. Grundlagen/Anwendungsberichte.* Speyer 1986.

BOECKEL, JOHANNES F.: *Meditationspraxis. Techniken und Methoden.* München 1984.

BONO, EDWARD DE: *Das spielerische Denken. Warum Logik dumm machen kann, und wie man sich dagegen wehrt.* Reinbeck 1972.

BUZAN, TONY: *Kopftraining. Anleitung zum kreativen Denken.* München 1986.

CANNAIN, M., W. VOIGT: *Kühles Denken. Wie man mit Analogien gute Ideen findet.* Reinbek 1978.

CAPRA, FRITJOF: *Wendezeit. Bausteine für ein neues Weltbild.* Bern 1985.

CLAASSEN, UTZ: *Großhirnforschung. Unternehmer und Wirtschaftspolitik.* Frankfurt 1987.

COLEGRAVE, SUKIE: *Yin und Yang. Die Kräfte des Weiblichen und des Männlichen.* Frankfurt 1985.

DHORITY, LYNN: *Moderne Suggestopädie. Der ACT-Ansatz ganzheitlichen Lehrens und Lernens.* Bremen 1986.

DITFURTH, HOIMAR v.: *Der Geist fiel nicht vom Himmel. Die Evolution unseres Bewußtseins.* München 1982.

DITFURTH, HOIMAR v.: *So laßt uns denn ein Apfelbäumchen pflanzen. Es ist soweit.* Hamburg 1985.

ECCLES, JOHN C.: *Das Gehirn des Menschen. Sechs Vorlesungen für Hörer aller Fakultäten.* München 1976.

EDWARDS, BETTY: *Garantiert zeichnen lernen.* Reinbek b. Hamburg 1982.

FERGUSON, MARILYN: *Die sanfte Verschwörung. Persönliche und gesellschaftliche Transformation.* Basel 1982.

FINK, WOLFGANG F.: *Kognitive Stile, Informationsverhalten und Effizienz in komplexen betrieblichen Beurteilungsprozessen.* Frankfurt 1987.

FUCHS, HELMUT: *Gesund aus innerer Kraft. Vorbeugen und Heilen durch Selbsttraining.* Freiburg i. Br. 1986.

GERKEN, GERD: *Der neue Manager.* Freiburg i. Br. 1986.

GOTTSCHALL, DIETMAR: *Management optimal. Die Psychodynamik erfolgreicher Unternehmensführung.* München 1987.

GRIFFITHS, BEDE: *Die Hochzeit von Ost und West. Hoffnung für die Menschheit.* Salzburg 1983.

HAKEN, HERMANN: *Erfolgsgeheimnisse der Natur. Synergetik: Die Lehre vom Zusammenwirken.* Frankfurt 1984.

HICKMAN, CRAIG R./SILVA, MICHAEL A.: *Der Weg zu Spitzenleistungen. Kreatives Management im New Age.* München 1986.

HOFFMANN, HEINZ: *Kreativitätstechniken für Manager.* Landsberg/Lech 1981.

HOFSTADTER, DOUGLAS R.: *Gödel, Escher, Bach; Ein endlos geflochtenes Band.* Frankfurt 1985.

JANTSCH, ERNST: *Die Selbstorganisation des Universums. Vom Urknall zum menschlichen Geist.* München 1984.

KIDDER, TRACY: *Die Seele einer neuen Maschine.* Stuttgart 1982.

KLAMPFL-LEHMANN, INGRID: *Der Schlüssel zum besseren Gedächtnis.* München 1987.

LOYE, DAVID: *Gehirn, Geist und Vision. Das Potential unseres Bewußtseins.* Basel 1986.

LUTZ, RÜDIGER: *Die sanfte Wende. Aufbruch ins ökologische Zeitalter.* München 1984.

MATUSSEK, PAUL: *Kreativität als Chance. Der schöpferische Mensch in psychodynamischer Sicht.* München 1979.

MOLZBERGER PETER/V. ZEMANEK, C. (Hrsg.): *Software-Entwicklung: Kreativer Prozeß oder formales Problem.* Stuttgart 1985.

MYRELL, G./SCHMANDT, W./VOIGT, J.: *Neues Denken. Alte Geister New Age unter der Lupe.* Niedernhausen 1987.

ORNSTEIN, R. U. R.: *Thompson. Unser Gehirn: das lebendige Labyrinth.* Reinbeck 1986.

OSTRANDER, S. U. N./L. SCHROEDER: *Leichter lernen ohne Streß. Superlearning, die revolutionäre Lernmethode.* München 1982.

PESCHANEL, FRANK D.: *Software-Entwicklung. Kreativer Prozeß oder formales Problem.* Stuttgart 1985.

PESTALOZZI, HANS A.: *Nach uns die Zukunft. Von der positiven Subversion.* München 1981.

POPPER, KARL U. JOHN ECCLES: *Das Ich und sein Gehirn.* München 1977.

POSTMAN, NEIL: *Wir amüsieren uns zu Tode. Urteilsbildung im Zeitalter der Unterhaltungsindustrie.* Frankfurt 1986.

PRIGOGINE, ILYA/STENGERS, J.: *Dialog mit der Natur.* München 1980.

RAUDSEPP, EUGENE: *So steigern Sie Ihre Kreativität.* München 1984.

RUPPERT, HANS-JÜRGEN: *New Age. Endzeit oder Wendezeit.* Wiesbaden 1985.

RUSSELL, PETER: *Die erwachende Erde. Unser nächster Evolutionssprung.* München 1984.

RUSSEL, PETER: *Der menschliche Computer. Wie das Gehirn funktioniert.* München 1982.

SCHIRM, ROLF/SCHOEMEN,J./WAGNER, H.: *Führungserfolg durch Selbsterkenntnis. Das STRUKTOGRAMM als Instrument der Persönlichkeitsanalyse.* Speyer 1986.

SHELDRAKE, RUPERT: *Das schöpferische Universum.* München 1985.

SHELDRAKE, RUPERT: *Das schöpferische Universum. Die Theorie des morphogenetischen Feldes.* München 1987.

VESTER, FREDERIC: *Denken, Lernen und Vergessen. Was geht in unserem Kopf vor, wie lernt das Gehirn...* Stuttgart 1975.

VESTER, FREDERIC: *Neuland des Denkens. Vom technokratischen zum kybernetischen Zeitalter.* München 1984.

WAGNER, HARDY: *STRUKTOGRAMM-Analyse.* Speyer 1986.

WATZLAWICK, PAUL: *Wie wirklich ist die Wirklichkeit. Wahn, Täuschung, Verstehen.* München 1986.

WILBER, KEN (Hrsg.): *Das holographische Weltbild:* München 1986.

WILKES, MALTE W.: *Kreativität ist Kribbeln im Kopf. Eine Anleitung zum originären Denken.* München 1984.

YOUNG, ARTHUR: *Der kreative Kosmos. Am Wendepunkt der Evolution.* München 1987.

AUTORENTEAM: *Gehirn und Nervensystem.* Heidelberg 1983.

AUTORENTEAM: *Gehirn, Gefühl, Gedanken. GEO-Wissen.* Hamburg 1987.

BIRKENBIHL, VERA F.: *Gehirn und Gedächtnis in: Enzyklopädie Naturwissenschaft und Technik. Jahresband, Verlag Moderne Industrie.* München 1983.

CLAASSEN, UTZ: *Was Führungskräfte aus der Hirnforschung lernen können. Konsequenzen neuropsychologischer Erkenntnisse.* Harvard Manager IV. Quartal 1987.

GOTTSCHALL, DIETMAR: *Das gespaltene Hirn und die Kreativität.* Manager Magazin, September 1983.

GOTTSCHALL, DIETMAR: *Kreativität. Die Phantasie ordnet das Chaos.* Management Wissen 11/85, München 1985.

GOTTSCHALL, DIETMAR: *Lernziel Kreativität. Management/Führungstraining.* Manager Magazin 1/88, Hamburg 1988.

MICHELITSCH, MICHAEL: *Die Wirtschaft – ein selbstorganisches offenes System.* Zeitschrift Technische Rundschau, Bern 1987.

MOLZBERGER, PETER: *Software Entwicklung mit der rechten Hirnhälfte.* Proc. der 14. GI-Jahrestagung 1984.

Informatik Fachberichte. Springer Verlag, Berlin 1984.

PESCHANEL, FRANK: *Analyse-Tool hilft Super-Programmierer finden.* Computerwoche Nr. 46/1986, München 1986.

PESCHANEL, FRANK: *Ganzhirnmenschen bringen Schwung ins Unternehmen.* Computerwoche Nr. 49/1986, München 1986.

PESCHANEL, FRANK: *Hirndominanzprofile. Ein neues Mittel in der Personalarbeit.* PERSONAL Führungsreport, München 1987.

PESCHANEL, FRANK: *Im Team-Management-Puzzle muß der Profi Profil zeigen.* Computerwoche Nr. 6/1987, München 1987.

PESCHANEL, FRANK: *Was die Hirnfunktionen bei Tests und Bewerbungen aussagen. Wohin soll die Reise gehen?* Computerwoche-Karriereservice, München 1987.

ZIMMER, DIETER E.: *Die beiden Seiten des Gehirns (I. und II.) im »Zeitmagazin«.* DIE ZEIT, Hamburg 1986.

FLOSSDORF, BERND: *Das wilde Denken kehrt zurück (Spezial-Ausgabe des RADAR für Trends)*. Worpswede 1986.

FRITSCH, STEPHAN: *New Age im Visier. Konsequenzen für die Personalpolitik*. Stuttgart 1987.

GERKEN, GERD: *Radar für Trends. Trend-Service für Führende, Planer und Kreative*. Worpswede, monatlich.

GERSTEL, WALTER: *Ergebnisse der neueren Gehirnforschung und ihre Bedeutung für das Personalmanagement*. Göttingen 1984.

HABERL, INGEBORG: *New Age und New Age Management*. München 1987.

SPINOLA, ROLAND: *Linke Logik – Rechte Intuition*. Deckenpfronn 1987.

SPINOLA, ROLAND: *Wandel im Bewußtsein, Wandel in der Führung*. Deckenpfronn 1987.

UEBEL, JOCHEN: *Trendwende. Bewußtsein und Gesellschaft im Umbruch. Eine Dokumentation*. Worpswede, monatlich.

WINTJES, JOACHIM: *Neuere Ergebnisse der Hirnforschung und ihre Bedeutung für Analyse und Entwicklung...* Essen 1987.

ALBRECHT, KARL: *Brain Power. Learn to Improve Your Thinking Skills.* Prentice-Hall, Englewood Cliffs 1980e.

BARKER, JOEL ARTHUR: *Discovering the Future. The Business of Paradigms.* ILI Press, St. Paul 1985e.

BEATON, ALAN: *Left Side, Right Side. A Review of Laterality Research.* Batsford Ltd., London 1985e.

BROWN, MARK: *Left Handed – Right Handed.* David & Charles, North Pomfret 1979e.

BUZAN, TONY/TERENCE, DIXON: *The Evolving Brain* Holt. Rinehart & Winston, New York 1978e.

CALVIN, WILLIAM H.: *The Throwing Madonna. Essays on the Brain.* McGraw-Hill, New York 1983e.

DIAGRAM GROUP: *The Brain. A Users Manual.* G. P. Putnam's Sons, New York 1982e.

ECCLES, SIR JOHN/DANIEL N.: *Robinson. The Wonder of Being Human Our Brain and Our Mind.* Shambhala, Boston 1985e.

EHRENBERG, MIRIAM & OTTO: *Optimum Brain Power. A Total Program for Increasing your Intelligence.* Dodd, Mead & Company, New York 1985e.

FISHER, RICHARD B.: *Brain Games.* Fontana, Bungay 1981e.

GALLWEY, W. TIMOTHY: *The Inner Game of Tennis.* Bantam Books, New York 1982e

GAZZANIGA, MICHAEL S.: *The Social Brain. Discovering the Networks of the Mind.* Basic Books, New York 1985e.

GESCHWIND, NORMAN/A. GALABURDA (Editor): *Cerebral Dominance. The Biological Foundation.* Harvard University Press, Cambridge (Mass) 1984e.

GILLING, DICK/ROBIN BRIGHTWELL: *The Human Brain. Based on the BBC Television series* Orbis Publishing, London 1982e.

GREGORY, R. L.: *Eye and Brain. The Psychology of Seeing Weidenfels and Nicolson.* London 1979e.

HAMPDEN-TURNER, CHARLES: *Maps of the Mind.* Mitchell Beazley London 1981e.

HARMAN, WILLIS/HOWARD RHEINGOLD: *Higher Creativity Liberating the Unconscious for Breakthrough Insights.* Institute of Noetic Sciences, Los Angeles 1984e.

HERRMANN, NED: *The Creative Brain.* Brain Books Lake Lure, USA 1987e.

HOFSTADTER, DOUGLAS R./DANIEL DENNETT: *The Mind's I. Fantasies and Reflections on Self and Soul.* Penguin Books, Harmondsworth 1982e.

JASTROW, ROBERT: *The Enchanted Loom Mind in the Universe.* Simon and Schuster, New York 1981e.

JAYNES, JULIAN: *The Origin of Consciousness in the Breakdown of the Bicameral Mind.* Houghton Mifflin Company, Boston 1982e.

LOVELOCK, JAMES E. GAIA: *A New Look at Life on Earth.* Oxford University Press, Oxford 1982e.

McGEE-COOPER, ANN: *Building Brain Power.* Ann McGee-Cooper, Dallas 1982e.

NICHOLSON, JOHN: *Men and Women. How Different are They?* Oxford University Press, Oxford 1984e.

ORNSTEIN, ROBERT E. (Editor): *The Nature of Human Consciousness. A Book of Readings.* W. H. Freeman & Company, San Francisco 1973e.

PRINCE, GEORG M.: *The Practice of Creativity.* Collier Books, New York 1970e.

RESTAK, RICHARD M.: *The Brain: The last Frontier. An Exploration of the Human Mind and our Future.* Doubleday & Company, Garden City 1979e.

SAGAN, CARL: *The Dragons of Eden. Speculations on the Evolution of Human Intelligence.* Ballantine, New York 1977e.

SAMPLES, BOB: *The Metaphoric Mind. A Celebration of Creative Consciousness.* Addison-Wesley Reading, Mass. 1976e.

SEGALOWITZ, SID J.: *Two Sides of the Brain. Brain Lateralization explored.* Prentice-Hall, Englewood Cliffs 1983e.

Springer, Sally P./Georg Deutsch: *Left Brain, Right Brain.* W. H. Freeman & Company, San Francisco 1981e.

Winn, Denise: *The Whole Mind Book. An A–Z of Theories, Therapies and Facts.* Fontana Paperbacks. Bungay 1980e.

Wonder, Jacquelyn/Priscilla Donovan: *Whole Brain Thinking. Working from Both Sides of the Brain.* W. Morrow and Company, New York 1984e.

Zdenek, Marilee: *The Right-Brain Experience. An Intimate Program to Free the Powers of Your Imagination.* McGraw-Hill, New York 1985e.

BRAIN/MIND BULLETIN (PERIODICAL): B/M Bulletin Los Angeles, Calif. lfd.

NOETIC SCIENCES REVIEW (QUARTERLY PUBLICATION SINCE 1986). Institute of Noetic Science, Sausalito, Calif.

BUNDERSON, C.V./OLSON, J. & HERRMANN, N. *Patterns of Brain Dominance and Their Relationship to Tests of Cognitive Processing, Personality... (internal paper).* (USA) 1981.

HARMAN, WILLIS W: *Creativity and Intuition in Business. SRI International, BIP, Report No. 715, Winter 1984–85,* SRI International Stanford, USA 1985.

HERRMANN, NED: *Brain Dominance and High Performing Organizations (Manuscript).* Lake Lure, USA 1982.

HERRMANN, NED: *Male/Female Brain Dominance Characteristics (Manuscript).* Lake Lure 1984.

HERRMANN, NED: *The Application of Brain Dominance Technology to the Training Profession (Manuscript).* Lake Lure, USA 1985.

HERRMANN, NED: *The Creative Brain in: Training and Development Journal October 1981.* ASTD (USA) 1981.

HERRMANN, NED: *The Creative Brain II: A revisit with Ned Herrmann in: Training and Development Journal, December 1982.* ASTD (USA) 1982.

HERRMANN, NED (Publisher): *International Brain Dominance Review (published twice a year since 1984).* Brain Dominance Institute, Lake Lure (USA).

MINTZBERG, HENRY: *Planning on the left side, managing on the right.* Harvard Business Review 7/8.76, Boston 1976.

PESCHANEL, FRANK: *System Design with the Right Brain.* Proc. 6th. Int. Congr. of Cybernetics, Systems of the WOGS Vol. 2, page 725–730 1984.

SCHKADE, LAWRENCE L. AND POTVIN, A.: *Cognitive Style, EEG Waveforms and Brain Levels (internal paper, University of Texas).* Arlington, Texas 1982.

ROLAND SPINOLA, Dipl.-Ing., geboren in Köln, Studium in München, ist geschäftsführender Gesellschafter des von ihm gegründeten Herrmann Institut Deutschland GmbH in Fulda. Er hat in seiner beruflichen Laufbahn als Computerspezialist, als Vertriebsleiter und als Manager im Bereich Aus- und Weiterbildung gearbeitet. Den Anstoß für sein Interesse an Fragen des Denkens und Verhaltens gab eine mehrjährige Tätigkeit als Führungskräftetrainer im Ausland. Während dieser Zeit lernte er Ned Herrmann und sein Modell kennen. 1982 erwarb er die Lizenz für die Anwendung und Auswertung des H.D.I. und steht seitdem in engem Kontakt mit Ned Herrmann und dessen Institut in den USA. Er ist dadurch über die neuesten Forschungs- und Validierungsergebnisse des Instruments unterrichtet. Roland Spinola vermittelt in seinen offenen Workshops für Trainer und Berater Grundkenntnisse des H.D.I. und arbeitet in firmen-internen Seminaren über Kreativität, Team-Synergie oder Kooperation wesentlich auf der Grundlage des H.D.I.-Modells. Er arbeitet eng mit den von ihm ausgebildeten Trainern und Beratern zusammen.

PROF. DR. HABIL. FRANK D. PESCHANEL, vom Studium her ursprünglich Physiker, wandte sich zunächst der quantitativ orientierten Unternehmensberatung und Datenverarbeitung zu. Er promovierte extern mit einer kybernetischen Theorie der Zeichenerkennung zum Dr. rer. nat., später habilitierte er sich in Ökonomie. Neben seiner Tätigkeit als Geschäftsführer und Senior Consultant einer Beratungsgesellschaft verfaßte er zahlreiche wissenschaftliche Veröffentlichungen und lehrte an der Fakultät für Wirtschaftswissenschaften an der RWTH Aachen. Seit 1976 bildete sich der Autor zum Trainer und Moderator weiter. Seit 1988 ist er an der kalifornischen Newport University Fakultätsmitglied. In Deutschland ist er aktiver Miteigentümer eines über die Grenzen hinaus tätigen Beratungsunternehmens. In dieser Rolle arbeitet er als Coach, Managementtrainer, Moderator und Unternehmensberater sowie als Vortragsredner. Schwerpunkt seiner Arbeit sind das Erkennen, Freisetzen und betriebliche Umsetzen der menschlichen Innovationskraft sowie Wirtschaftsinformatik. Er ist lizensierter Auswerter und aktiver Anwender des H.D.I.

HERRMANN INSTITUT DEUTSCHLAND GMBH

Möchten Sie Ihr eigenes Dominanz-Profil kennenlernen?

Wir schicken Ihnen gerne einen Fragebogen

Möchten Sie das H.D.I. als Berater oder Trainer einsetzen?

Dafür bieten wir Ihnen an:
Einführungsseminare und Ausbildungsworkshops
Die Auswertung von Fragebögen
Statistische Auswertungen
Gruppenprofile

Einen Trainerkoffer
mit Projektionsfolien,
Erläuterungen und Arbeitsmaterial

Möchten Sie als Unternehmer das H.D.I. in Ihrer Firma einsetzen?

Bitte rufen Sie uns an.
Wir informieren Sie gerne über die Möglichkeiten
einer Zusammenarbeit

Klausenerstraße 4 · 6400 Fulda · Tel. (0661) 605380 · Fax (0661) 602564

Was ist das *STUFE*-Konzept?

STUFE bedeutet: **STU**dium **F**undamentale et **E**fficiens. Auch für einen "Nicht-Lateiner" ist damit erkennbar, was hier mit STUFE gemeint ist: ein Studium (Lernen allgemein und im besonderen) zum Erlernen grundlegender fachübergreifender Fähigkeiten und Methoden, um ein effizienteres (Weiter)-Lernen in unterschiedlichen Lebensbereichen zu ermöglichen. STUFE repräsentiert 5 Bausteine - 5 Schritte zum Erfolg:

1. **Persönlichkeits-Analyse -** Persönlichkeit erkennen und akzeptieren: Erfolgs-Potentiale nutzen

2. **Berufszielfindung** und Umsetzungsstrategie für Studium / Ausbildung / Weiterbildung

3. **Ganzheitliches Ziel-, Zeit- und Selbstmanagement** einschließlich grundlegender Lerntechniken

4. **Mit Bewußtheit zum Erfolg -** Bewußt leben mit dem Unbewußten - Bewußte Meditation, ein mentales Training: **S**elbst-**S**teuerungs-**S**ystem - Drei-S-Methode

5. **Moderations-Technik** am Beispiel der Methodik wissenschaftlichen Arbeitens

Ziel ist die Integration des STUFE-Konzeptes in die Leistungsangebote unterschiedlicher Bildungseinrichtungen. Zunächst werden Bildungseinrichtungen der Wirtschaft sowie die Universitäten/Fachhochschulen, aber auch Einrichtungen der Jugend- und Erwachsenenbildung angesprochen.

Eine Erweiterung ist möglich und geplant. So sollen in Zukunft alle anderen schulischen Einrichtungen in dieses Konzept einbezogen werden. Dazu gehört, möglichst viele Lehrer, Dozenten, Lehrbeauftragte, Ausbilder und Weiterbildner für die Umsetzung von STUFE zu begeistern.

Kompetenten Multiplikatoren vermitteln wir Ziele, Methoden und Inhalte der STUFE-Bausteine in Train-the-Trainer-Seminaren. Zu jedem STUFE-Baustein gehört - neben einem Trainerleitfaden mit Folien und Kopiervorlagen für Teilnehmer-Unterlagen - ein **GABAL-Teilnehmerarbeitsbuch**.

Weitere Informationen:

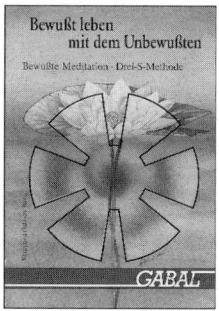

Sich selbst und andere besser erkennen - mehr Erfolg durch angewandte Persönlichkeits-Analyse

Suchen Sie neue Möglichkeiten, mehr über sich und andere Menschen zu erfahren und / oder Ihre Selbst- und Menschen-Kenntnis zu erweitern?

Dann sollten Sie die GABAL-Neuerscheinung kennen:

Joern J. Bambeck: PSA - Persönlichkeits-Struktur-Analyse

Dieses Buch gibt Ihnen die Möglichkeit der Selbstauswertung und der Erstellung Ihres persönlichen PSA-Diagramms. Damit kommen Sie dem Ziel besserer Selbst- und Menschen-Kenntnis bereits einen wesentlichen Schritt näher. Die besonderen Vorteile des innovativen PSA-Konzeptes sind:

- differenzierte Aussagen zu Ihrer Persönlichkeit aufgrund der großen "Tiefenschärfe" sowie

- ein neuentwickelter Korrektur-Faktor, der es Ihnen ermöglicht, sich weitgehend so zu sehen, wie sie wirklich sind - weder verschönt noch zu selbstkritisch.

Statt der Selbstanalyse mit Hilfe des Arbeitsbuches, können Sie zur Steigerung Ihres Erfolgs aber auch Ihr Wissen und Können zur Selbst- und Menschen-Kenntnis in einem Anwender-Seminar - gemeinsam mit anderen Teilnehmern - vertiefen.

An einem solchen offenen Intensiv-Training - unter Leitung eines autorisierten Trainers mit hoher Sozial-Kompetenz - kann jeder Interessierte teilnehmen. Im Seminar kann ein Computer-Ausdruck Ihres persönlichen PSA-Diagramms erstellt werden.

PSA-Trainings können auch firmen-intern durchgeführt werden: In Unternehmen, Verbänden sowie Gruppen und privaten Vereinigungen.

Wenn Sie also sich und andere besser kennenlernen wollen, aber auch Ihr Wissen und Können im Hinblick auf bessere Selbst- und Menschen-Kenntnis erweitern wollen, dann senden Sie uns einfach die beiliegende Response-Karte oder schreiben Sie an:

GPA • Gesellschaft für angewandte Persönlichkeits-Analyse
c/o Forschungsinstitut für Angewandte Betriebswirtschaft (FAB)
6720 Speyer • Dudenhofer Str. 46
Telefon 0 62 32 / 96 67 • Telefax 0 62 32 / 9 86 09

Die Reihe für Ihre erfolgreiche Zukunft

Erfolg und Methodik

Hardy Wagner
Praxisverbundenes
Studium (Band 7).
ISBN 3-923984-02-2
164 S., br.,14,80 DM*

Persönliche Arbeits-Techniken

Hardy Wagner
Persönliche Arbeitstechniken. Grundlagen und
Methoden erfolgreichen
Selbstmanagements
(Band 8).
ISBN 3-923984-68-5
120 S., br., **19,80 DM***

Lothar J. Seiwert
Das 1 x 1 des Zeitmanagement (Band 10). Das
bekannteste Buch über
Zeitplanung. In zahlreiche Sprachen übersetzt.
Gesamtauflage über
500.000 Exemplare.
ISBN 3-923984-50-2
64 S., br., **14,80 DM***

Rudolf Straube
Lebensfreude (Band 15).
Regeln für den Lebenserfolg. Durch positives
Denken und geistiges
Training seelische Verkrampfungen lösen.
ISBN 3-923984-15-4
86 S., br., **24,80 DM***

Hans Schmitz
Richtig Telefonieren
(Band 17). Persönlichkeit und Techniken am
Telefon erfolgreich
nutzen.
Mit Checklisten, praktischen Tips und Anregungen für schwierige
Gesprächssituationen
ISBN 3-923984-57-X
99 S., br., **24,80 DM***

Management mit Zeitplanbuch

Seiwert / Wagner
Management mit Zeitplanbuch plus PC
(Band 22).
Eine aktuelle Marktübersicht mit 67 Zeitplanbüchern und 14 Zeitmanagement-Softwareprogrammen.
ISBN 3-923984-62-6
216 S., br., **29,80 DM***

Lothar J. Seiwert
Selbstmanagement
(Band 25). Bedeutung
und Funktion des
Selbstmanagements –
Zielsetzung – Planung –
Entstehung –Realisation–
Kontrolle – Information
und Kommunikation.
ISBN 3-923984-25-1
60 S., br., **19,80 DM***

Graichen / Seiwert
Das ABC der Arbeitsfreude (Band 30).
Techniken, Tips und
Tricks für Vielbeschäftigte. Die 25 wichtigsten
Arbeitstechniken von
A-Z mit Checklisten zur
erfolgreichen praktischen Umsetzung.
ISBN 3-923984-30-8
80 S., br., **19,80 DM***

Bertold Ulsamer
Exzellente Kommunikation mit NLP (Band 37).
Besser kommunizieren
mit NLP für Führungskräfte. Anschauliche
Beispiele erläutern die
Umsetzung in den
Arbeitsalltag.
ISBN 3-923984-37-5
152 S., br., **24,80 DM***

Hardy Wagner
Zielorientiert und praxisverbunden studieren – erfolgreicher im Leben (Band 27).
Dokumentation eines
Modellversuchs.
ISBN 3-923984-27-8
160 S., br., **14,80 DM***

Wolff / Frank
Berufszielfindung und Umsetzungsstrategie für Studium/Ausbildung/ Weiterbildung(Band 41).
Kybernetische Strategie.
Leitfaden für Berufseinsteiger, Profis und
Berufswechsler.
ISBN 3-923984-61-8
104 S., br., **24.80 DM***

Birker / Birker
Bewußt leben mit dem Unbewußten (Band 42).
Bewußte Meditation –
Drei-S-Methode.
ISBN 3-923984-42-1
160 S., br., **24,80 DM***

Anwendungsorientierte Betriebswirtschaft

Gottfried Giese
Unternehmensplanspiel ALPHATAU. Übungen
am Kompaß der Unternehmens-Steuerung
(Band 9).
ISBN 3-923984-59-6
40 S., br., **12,80 DM***

Oyen / Schlegel
Projektmanagement heute. Eine Führungsalternative unserer Zeit
(Band 12).
ISBN 3-923984-12-X
154 S., br., **29,80 DM***

Donaubauer / Schoemen
Corporate Identity in Theorie und Praxis
am Beispiel der Stadtsparkasse Marktredwitz.
(Band 51).
ISBN 3-923984-51-0
40 S., br., **12,80 DM***

GABAL-Verlag GmbH · Dudenhofer Straße 46 · 6720 Speyer · Tel. (06232) 9666 · Telefax (06232) 98609